JEMBITER LIBER

Impressum

Lektorat & Korrektorat: Celina Keute, Henstedt-Ulzburg /
www.celinakeute.de
Umschlagsgestaltung: © Copyright by Ermira Shabanaj,
Friedberg Bayern, Deutschland

Texte: © Copyright by Arber Shabanaj / Jembiter Liber ®

Herstellung und Verlag: BoD – Books on Demand, Norderstedt
ISBN: 9783759702753
E-mail: info@bod.de
Website: www.bod.de

ARBER SHABANAJ

REIßENDER STROM
(Déjà-vu mit der vergangenen Zeit)

TATSACHENBERICHTE

Biografien & Memoiren
Arber Shabanaj / Jembiter Liber

Herstellung und Verlag
BoD – Books on Demand,
Norderstedt
1. Auflage Juni 2024
Printed in Germany
ISBN: 978-3-7597-0275-3

Verfasser / Urheber:
Arber Shabanaj / jembiter liber
as-arber@live.de
Tel.: +49 151 58 332 502
www.jembiter-liber.de

Vorwort

Als ich im August 1991 als Vertriebener nach Deutschland kam, ließ ich politische Anfeindungen, Ungerechtigkeiten und Demütigungen, die ich in meiner Heimat hatte erfahren müssen, hinter mir.

Direkt bei meiner Ankunft in der Bunderepublik begegneten mir als Jurist und Dichter folgende Wörter, die mir seitdem in Erinnerung geblieben sind: „Tagesschau" und „Lindau". Das waren zugleich die ersten beiden deutschen Ausdrücke, die ich in der Ankunftszeit lernte. Man möchte dazu vielleicht die Frage stellen: warum gerade diese zwei Begrifflichkeiten? Ganz einfach - weil sie sich so faszinierend reimten.

Ich erinnere mich noch sehr genau an den Umgang der weniger befugten Körperschaften (unter ihnen Beamte, Kommissare, Gesetzeshüter, wohl auch „hoch angesehene" Rechtsanwälte und andere) in meiner Ankunftszeit, in der ich in ständigem Kontakt mit Ämtern und Institutionen stand. Sie antworteten mir: „Ich verstehe kein Französisch", wenn ich mich auf Englisch, der hier gebräuchlichen Fremdsprache, mit ihnen unterhalten wollte. Logischerweise konnte ich die deutsche Sprache zwei, drei Monate nach meiner Anreise noch nicht für die barrierefreie Kommunikation einsetzen.

Ich war in einen Rechtsstaat gekommen, in dem die „Würde des Menschen" als unantastbar gilt, wie es Artikel 1 des Grundgesetzes aussagt, und in dem alle Menschen vor dem Gesetz gleich sind. Hier in meiner „neuen Heimat" würde es mir besser ergehen, so dachte ich.

Damals war ich von diesen Vorstellungen überzeugt, jedoch kamen mir im Verlauf meines Lebens in diesem Staat in einigen

Fällen starke Zweifel und ich wurde mitunter sehr enttäuscht. Die Erlebnisse, die diese Zweifel und Enttäuschungen verursacht hatten, habe ich in fünf Tatsachenberichten festgehalten, die in diesem Band zusammengestellt wurden.

Im Mittelpunkt des ersten Tatsachenberichtes „Das Porträt" stehen die Sorgen und Nöte einer Vertriebenenfamilie, die in Deutschland erleben muss, wie sie durch bürokratische Maßnahmen schikaniert wird, welche denjenigen imponieren, die in ihrem Herzen ein Deutschsein für sich reklamieren und die anderen abschotten wollen.

Im zweiten Teil des Buches geht es darum, aufzuzeigen, wie schwer beziehungsweise unmöglich es sein kann, berechtigte Forderungen vor einem deutschen Gericht einzuklagen. Ich habe den gesamten Prozessverlauf mit den erforderlichen Hintergrundinformationen zusammengestellt, sodass der Leser einen umfassenden Eindruck gewinnen kann.

Erschreckend war für mich zudem - wie im dritten Geschehnis festgehalten -, welchem Stress Kinder im Alter von vier Jahren in diesem Land ausgesetzt werden, bevor sie die Schule und den Unterricht kennenlernen konnten. Bei Kindern, die sehr wohl mit der deutschen Sprache vertraut sind, wird der sogenannte „Sprachstand" (im Rahmen eines Deutschsprachkurses) überprüft. Die noch nicht schulpflichtigen Kinder werden somit einer Prüfungssituation ausgesetzt, der sie möglicherweise psychisch überhaupt nicht gewachsen sind.

Im vierten Teil berichte ich von den Unzumutbarkeiten und Fehlern, denen ich bei der Geburt meines zweiten Sohnes in einer Klinik ausgesetzt war, ohne mich vor Ort dagegen wehren zu können.

Der fünfte Tatsachenbericht „Reißender Strom" („Déjà-vu mit der vergangenen Zeit") befasst sich mit dem Leben und

Arbeiten von Schriftstellern und trägt autobiografische Züge. Sonach muss zum Beispiel ein talentierter Schriftsteller mit „Migrationshintergrund" als Maler und Lackierer tätig sein, während sein einheimischer Kollege als Schreiber in der Bevölkerung anerkannt ist und zu Parteiversammlungen eingeladen wird. Das ist kein Einzelschicksal, denn ein mir bekannter Ingenieur ist als Mauerhelfer tätig, ein Oberbefehlshaber sammelt jetzt als Leiharbeiter den Baustellenmüll ein und ein Mikrobiologe befindet sich mit anderen Handwerkern auf der Baustelle.

Bei genauer Betrachtung muss man leider feststellen, dass nicht die „Stärke des Rechtes", sondern das „Recht des Stärkeren" siegt. Weiterhin wird sicher verständlich, warum ich meine Überzeugung, hier in einem Staat zu leben, in dem das Recht eines jeden Menschen Berücksichtigung findet, zumindest teilweise revidieren musste.

Arber Shabanaj / Jembiter Liber

7

Sehr geehrte Damen und Herren,

wir erlauben uns, Sie auf die zu Papier getragenen Sachverhalte aufmerksam zu machen.

Diese geschilderten Vorgänge haben unsere junge Familie schockiert und uns nachhaltig geschadet.

Wichtig beim Schreiben dieses Buches waren uns zwei Dinge: Zum einen war uns daran gelegen, die Grundgedanken dieses Kompendiums, das in unseren Augen eine Art Philosophie des Zusammenlebens darstellt, so einfach und klar wie möglich zu erläutern. Außerdem war es uns wichtig, die Erlebnisse und Geschehnisse durch die beigefügten Beweise so detailliert und anschaulich zu beschreiben, dass der Leser sie direkt verstehen und nachempfinden kann. Uns gelingt es in einer emphatischen Art und Weise, die Ursachen der permanenten Nuancierung darzustellen und Wege zum besseren Umgang mit leidvollen Erfahrungen aufzuzeigen.

Es ist ein erstaunliches Kuriosum, dass diverse Medien dieses Landes die vorliegenden Sachverhalte verschmähen, anstatt die feigen und brutalen Zuwiderhandlungen (gegen geltendes Recht) zu veröffentlichen. Man übt Gewalt auch dann aus, wenn man jemanden verachtet, auf ihn herabschaut oder ihn demütigt.

Darauf zu bestehen, dass unliebsame Wahrheiten nicht zu veröffentlichen sind, ist gefährlich für die Demokratie.

Hier wurden offensichtlich die Grenzen des Rechtsstaates ausgetestet. Zu welchem Zweck? Denn die Gerichte sollten uns vor der Willkür des Staates schützen. Das ist die Idee der Gewaltenteilung und daran kann man nicht rütteln. Dies ist ein Prinzip unserer Demokratie. Dahingehend sind die Gesetze nicht beliebig, nicht disponibel, sondern es braucht einen echten Gerechtigkeitswillen.

Die geschilderten Geschehnisse entbehren jeglicher Grundlage und sind eine Schande für den Rechtsstaat.

Bitte haben Sie Verständnis dafür, dass unsere bewegenden Zeilen den Leidtragenden dieser Unbekümmertheit - unseren betroffenen Kindern - gewidmet sind. Wenn Menschen so offensichtlich unter Schock gesetzt werden und ihnen nachhaltig geschadet wird, dann tun sie ungewöhnliche Dinge, um sich auf diese Weise Gehör zu verschaffen. Wir haben die Erfahrung gemacht, dass infolge der institutionellen und der individuellen Diskriminierung ein Albanischdeutscher gesellschaftlich tot geboren wird und den Rest seines Lebens ums Überleben kämpfen muss.

Das Buchexemplar zu unseren entsetzlichen Erlebnissen sollten Sie bitte unvoreingenommen lesen, um effektiv und ehrlich darüber berichten zu können. Denn nur das macht unsere Demokratie so stark und nur das trägt dazu bei, unsere Gesellschaft nicht noch weiter auseinanderdriften zu lassen. Wir haben unseren betroffenen Kindern versprochen, dass wir mutig dem Hass widersprechen und dafür sorgen werden, dass man sie nicht vergisst. Bekanntermaßen lässt sich Demokratie nur durch Pluralität, Gerechtigkeit und Gleichberechtigung verwirklichen.

Daher wenden wir uns nun hoffnungsvoll direkt an Sie und vertrauen Ihnen das Taschenbuch mit den Tatsachenberichten an. Wir sind uns sicher, dass Sie unseren Brief und die beschriebenen haarsträubenden Erlebnisse aufmerksam lesen und diese als einen maßgeblichen Kompass für Ihre alsbaldige Berichterstattung verstehen.

Im Voraus danken wir Ihnen recht herzlich für Ihre Unterstützung!

Die betroffene Familie Ermira und Arber Shabanaj

Anmerkung zum Anhang

Der Anhang wurde für den interessierten Leser zusammengestellt, der sich eingehender mit den Hintergründen der dargestellten Problematik befassen möchte.

Er besteht aus Kopien der Dokumente, die im Vorfeld und während des Prozesses eine Rolle gespielt haben: Schreiben der Anwälte, Gutachten, Fotos, Urteile und weitere Nachweise. In den angefügten Kopien wurden aus Datenschutzgründen die Namen der beteiligten Personen verändert, inhaltlich entsprechen sie aber den Originalen.

Daher habe ich hierbei, genau wie im gesamten Buch, nicht die realen, sondern Fantasienamen gewählt. Sollten Sie dennoch Ähnlichkeiten mit Ihnen bekannten Personen feststellen, sind sie rein zufällig und keinesfalls beabsichtigt.

Es ist das Anliegen des Autors, dem Leser auf diese Art einen umfassenden Eindruck der Gesamtsituation zu vermitteln.

„Die reinste Form des Wahnsinns ist es,
alles beim Alten zu lassen und gleichzeitig
zu hoffen, dass sich etwas ändert."

Albert Einstein (1879–1955)

Dieses Buch widme ich meiner Familie und all denen, die bereit und willens sind, ihre Komfortzone auf dem Weg in eine stabile Zukunft zu verlassen, um Benachteiligte zu unterstützen und dem riesigen Thema Diskriminierung entschieden entgegenzuwirken.

Meine lieben Söhne,
meine wertvollen Kinder,

manche werden euch niemals mögen, weil eure inneren Geister ihre Dämonen stören.

DAS PORTRÄT

Im Stadtbüro palaverte jemand und beleidigte fortwährend den Bürgermeister höchstpersönlich. Agron Iravosok stand hinter der Tür des Bürgermeisterbüros und schaffte es mit allergrößter Mühe, sich zu beherrschen. Er wollte seinen Ohren nicht trauen, was er an diesem Julinachmittag des Jahres 2010 mitanhören musste.

Er kannte Herrn Grünewald seit Jahren. Als er erfahren hatte, dass dieser zum Bürgermeister gewählt worden war, war Agron unbeschreiblich glücklich gewesen.

Er war davon überzeugt, sollte er von Herrn Grünewald keinen geeigneten Wohnraum bekommen, müsste er noch ewig im Asylbewerberheim bleiben. Dort, wo das Abfluss- und Sanitärfahrzeug der Kommune wie so oft erst dann kam, wenn das Kanalisationsrohr bereits geplatzt war. Eine schwarze, verfaulte Flüssigkeit drang dann durch die Fugen der pilzbefallenen Bodenbretter.

Es kam, wie er es geahnt hatte: Gerade mal einen Monat war Herr Grünewald Bürgermeister, als er zusammen mit Vertretern der zuständigen Flüchtlingskommission Agron und seine Familie im Asylbewerberheim besuchte.

Der Familienvater kann sich noch heute genau daran erinnern, wie die Gruppe den eingezäunten Garten des Heimes betrat. Die vielen Rosen, die einer stolzen Meereswelle ähnelten, strahlten Lebendigkeit aus und verbreiteten ihren Duft. Hier tankten Agron, seine Ehefrau und seine Tochter fast jeden Nachmittag ein wenig Motivation und Zuversicht. Doch was nützte ihnen das, denn sobald es Abend wurde, mussten sie sich wieder in ihre Fäkalienhütte einschließen, dort, wo jeden nur die Übelkeit heimsuchen würde.

Die Hausmeisterin war gerade dabei, mit dem Hauspantoffel nach einem ihrer kleinen Findelkinder zu werfen, weil sich dieses zuvor über einigen Blumenblättern erleichtert hatte. Die Frau kam ursprünglich aus Schlesien und sprach ein sehr unattraktives Deutsch, oder vielmehr Polnisch. Sie war jedoch längst eingebürgert worden, da sogar die kleinste Laus auf ihrem schlesischen Hof deutsch gewesen war. Laut dieser Hausmeisterin, die damals in ihrer Heimat auf einem Bauernhof gedient haben soll, lag die Wiege des gesamten deutschen Stolzes und seiner Kultur in Schlesien - und zwar nur dort.

Die Autorisierten der Stadt lachten mit dem Kleinen, der versuchte, sich in ihrem Beisein nicht zu schämen und sein Urinorgan nach dem Gießen wieder zurückzustecken.

Sie schlenderten durch den Garten und tankten reichlich Luft, die vom schönen Duft der vielfältigen Blumen angereichert wurde.

Sobald sie den Raum betreten hatten, in dem Agron samt Familie lebte, musste ein Mitglied der Flüchtlingskommission dreimal hintereinander niesen. Einem weiteren, der etwas auf einem Block notierte, rutschte ein Wort heraus, er sagte: „Mist." Ein weiterer ...

Bei diesem Besuch fühlte sich Agron plötzlich jung und stark und nicht wie ein Mann von 50 Jahren. Oh Gott, er würde ein Zuhause bekommen! Er hatte den Eindruck, dass Worte, die fielen, und Zeichen, die zwischen den Teilnehmern der Flüchtlingskommission ausgetauscht wurden, ihn hoffen lassen könnten, dass alles gut werde.

Doch gleichzeitig überkamen ihn Ängste, es könnte jemand wie aus dem Nichts auftauchen und ihm wieder Steine in den Weg legen.

Er schwankte zwischen Hoffen und Bangen, mal fühlte er sich jung, dann wieder alt. „Eh, wie der Mensch ist", dachte er, „mal Löwe, mal Hase."

Und recht hatte er, es wurde von allen Seiten viel gesprochen, es gab nichts, über das nicht geredet wurde. Für ein Apartment, ausgestattet mit einem Raum und einer Küche, würde er sehr viel Geld ausgeben müssen, für eines mit zwei Räumen und einer Küche noch mehr. Doch was sollte er geben, das Ungeziefer aus dem Keller?

Er hatte weder das Recht noch die Mittel, seinen einzigen Verwandten in knapp zwanzig Kilometern Entfernung mal zu besuchen, weil dafür regelmäßig eine Besuchserlaubnis nötig war, um den Landkreis verlassen zu dürfen! Seit 16 Jahren lebte er mittlerweile in Deutschland, und seine Jahre schmolzen dahin. Trotz seines Potenzials, fehlerfreies Deutsch und Englisch zu artikulieren, besaß er bis heute noch keinen Aufenthaltstitel.

Der frühere Bürgermeister war nicht gut gewesen, sein Nachfolger nicht besser.

Es lagen Jahre hinter Agron, in denen er gehofft hatte, man kümmere sich um eine Wohnung für ihn und seine Familie. Jahre, in denen Versprechungen gemacht worden waren, ihm ein Apartment mit einem separaten Eingang zu gewähren. Jahre, in denen sie mit ihm und seiner Familie Katz und Maus gespielt hatten. Geschehen aber war nichts.

Und während die Zeit verging, spürte er, wie auch seine Tochter, eine junge aufstrebende Frau auf der Suche nach Verantwortung und Glück, keine Chance hatte, ihr Leben selbstständig zu gestalten, und sich mit der Situation abfinden musste.

„Blumen verblühen, Menschen sterben", dachte Agron bei sich und zitterte. Er spürte den Schmerz darüber in seinem Herzen, auch jetzt, als er sich daran erinnerte.

Nun saß er zusammen mit seiner erkrankten Frau auf den Stühlen des Rathauses, wartete und musste die endlosen Beleidigungen des Stadtmenschen mitanhören. Dabei war er schockiert, was einem normalen Bürger dieses Landes gewährt wird - demjenigen, der der deutschen Sprache nicht einmal ausreichend mächtig ist, demjenigen, der mehr besoffen als nüchtern vorzufinden ist, demjenigen, der es wagt, den Bürgermeister persönlich zu beleidigen.

Aber er, Agron Iravosok, der seine gesamte Wut bisher innerlich festgehalten hatte und allen Grund zum Abladen dieser Last gehabt hätte, blieb stets ruhig und schwieg. Er war sein Leben lang ein fleißiger Arbeiter gewesen, lebte schon 16 Jahre lang isoliert in demselben Raum, während andere neue Wohnungen bekamen, sich breitmachen durften und sogar separate Kinderzimmer und wer weiß was noch alles hatten.

Er selbst hatte noch nie jemanden beleidigt, mit dem Staat geriet er nie in Konfrontation: 16 Jahre Asylbewerber, er und seine Familie waren nicht einmal im Besitz einer Arbeitserlaubnis.

Den Landkreis wollte er wegen der bereits bekannten Gründe kaum verlassen. Außerdem sprach er ein exzellentes Deutsch, worum ihn unzählige längst eingebürgerte Protagonisten, die meisten von ihnen slawischer Herkunft, sehr beneideten, wenn sie ihn sprechen hörten.

Als diplomierter Jurist lebte Agron von „Gutschein-Karten". Als das Sozialamt von ihm verlangt hatte, einem „Ein-Euro-Job" nachzugehen, war er vergangenes Jahr, während er für die Stadt arbeitete, aus sechs Metern Höhe gestürzt und hatte sich dabei schwer verletzt.

Seine Ehefrau musste, ohne jemals krank gewesen zu sein, wegen der erlebten Metamorphosen und Odysseen regelmäßig zum Neuropsychiater. Denn nur dank des Gutachtens eines Fachmannes verringerte die Ausländerbehörde den Druck, war gnädig und bewilligte eine weitere dreimonatige Aufenthaltsverlängerung.

Der Tochter, die das Gymnasium mit besten Noten abgeschlossen hatte, wurde ein Stipendium für ein Studium versprochen.

Inzwischen bewegte sich auch etwas in Sachen Wohnungssuche. Agron hoffte, dass sich dies bewahrheiten würde, denn er wünschte sich nichts sehnlicher.

Nun sollte es danach gehen, wie es geheißen hatte, dass für eine Wohnung so und so viel nötig wäre - Unsinn! Nicht einmal Kaffee hatten die von der Kommission getrunken, als sie ihn in seinem Ambiente besucht hatten, und auch kein einziges gutes Wort hatten sie für ihn übrig gehabt.

Eines Tages wurde davon gesprochen, dass er eine Wohnung in der neuen Siedlung, genau im Stadtzentrum, bekommen würde. Alles drehte sich nun um diese zukünftige Wohnung. Mal kam ihm das ganz normal vor, ganz selbstverständlich, dann aber wieder außergewöhnlich.

„Letzten Endes", sagte er eines Tages zu seiner Ehefrau, Teuta, „habe ich es mir verdient. All die Jahre habe ich weder dem Staat noch dem Amt das Herz gebrochen, ich habe sie nie enttäuscht. Dem ‚Ein-Euro-Job' bin ich ebenfalls regelmäßig nachgekommen. Nie habe ich schwarzgearbeitet. Einer normalen Arbeit durfte ich die gesamten Jahre über nicht nachgehen, mangels Arbeitserlaubnis. Warum einem wie mir dann eine Wohnung verwehren?"

Wer stand auf der Straße überhaupt schlechter da als er? Und wer brachte überhaupt ein einziges Argument hervor, um schlecht über ihn zu reden?

„Hör auf mich, Agron", empfahl sein Arbeitskollege ihm eines Tages, während er der Stadt für einen Euro diente, „spar etwas Geld und mache dem Bürgermeister ein Geschenk. Das tun sie alle ..."

Doch Agron gab nicht auf. Außer an einem Abend - etwa gegen Mai, als er an einem See angelte. Zuvor war ihm der Satz „Zum Teufel mit dem Schlaf" in den Kopf gekommen, woraufhin er sich die Angelausrüstung seines Freundes ausgeliehen hatte. Nun sah er, wie eine Forelle wild an der Wasseroberfläche zappelte, und er schaffte es, den gut vier Handbreit großen Fisch einzuholen.

Sehr schüchtern und mit Angst im Herzen brachte er sie am kommenden frühen Morgen dem Bürgermeister vorbei. Dessen Sekretärin tat so, als würde sie Agron Iravosok nicht kennen. Das irritierte ihn. Er wusste nicht, wie er es ihr sagen sollte, und als ob seine Sätze von einem Krampf heimgesucht worden wären, blieben sie ihm in der Kehle stecken.

Doch die Sekretärin, leise und nett, steckte den Finger in die Forelle wie den Haken der Angelschnur, mit dem Agron die knallroten Futtermembranen der Forelle durchquert hatte, um sie zu überprüfen.

Ohne „Herzlichen Dank für Ihre Mühe" zu sagen oder ihm wenigstens eine Tasse Kaffee anzubieten, neigte sie den Kopf leicht, um so etwas wie ein gedachtes Dankeschön auszudrücken. Anschließend knallte sie ihm die Tür beinahe vor der Nase zu.

Eine große Unruhe überkam Agron, als er an die Bürotür des Bürgermeisters klopfte und ihm die berühmte Forelle überreichte, doch noch stärker wurde sie, als er sich wieder von dessen Büro entfernte.

„Oh Gott", dachte er, „was ist, wenn der Bürgermeister Grünewald den Asylantrag und das Attest des Neuropsychiaters für meine Ehegattin nicht anerkennen würde? Was ist, wenn ...?"

Natürlich rührte sich nichts, während Agron vor der Tür des Amtes wartete, um die Bestätigung über die neue Wohnung ausgehändigt zu bekommen. Dass er eine neue Wohnung bekommen würde, das war allerdings hundertprozentig sicher.

Die Ernennung des Bürgermeisters Grünewald und die Versammlung mit den Zuständigen hatten dazu beigetragen, dass Mann und Frau zusammenleben konnten. Doch diese separate Einladung beim Amt schien Agron ein wenig zu verletzen.

Fast Tag für Tag gingen sie hin, um das neue Haus zu bestaunen, dort, wo die Maler dabei waren, den letzten Anstrich anzubringen. Hier ist das Wohnzimmer, hier die Kochnische. Zugleich ist das hier das Schlafzimmer. Die dritte Etage. Sehr anziehend. Im Sommer endlich mal frische Luft und sauberes Wasser, ganz ohne Fäkalien!

Auf eine besondere Art war die einzige Tochter des Agron Iravosok, Saranda, fast außer sich vor Freude. Sie hatte dafür Tausende von Gründen. Doch insbesondere wäre sie von jetzt an dazu in der Lage, ihre Freundinnen in einer angenehmen Umgebung zu empfangen und ihnen eine gute Gastgeberin zu sein. Nicht wie bisher, wo sie ihre Freundinnen selbst zu ihrem Geburtstag nicht, kein einziges Mal, hatte einladen können. So hatte sie auch ihre engste Freundin, Arberia, abgelenkt und ihr gesagt, dass sie im Juli Geburtstag hätte. Und zwar genau dann, wenn Schulferien waren und die Schulglocke die Schüler nicht mehr zusammenbrachte ...

Wenn man sie an den Tagen gesehen hätte, während sie auf die Schlüsselübergabe für die neue Wohnung wartete. Sie arbeitete mit der Mutter zusammen, bis es sehr spät wurde. Aufgrund eines Befalls von Schimmel und Ungeziefer konnten die bisherigen Gardinen nicht benutzt werden. Die zwei schafften es in aller Not, eine neue Gardine zu kaufen. Eine dafür geeignete Gardinenstange fanden sie im Sperrmüll. Ein freundlicher Nachbar, der finanziell deutlich besser aufgestellt war als sie, hatte ihnen ein Sofa als Geschenk zugesagt. Drei Gemälde kaufte Agron auf dem Flohmarkt. In der Tat, bloß ein Raum und eine Kochnische waren es, doch im Vergleich zu dem, wo sie bisher gelebt hatten, fühlten sie sich, als befänden sie sich in einem Traum.

Jedes Mal, wenn sie gingen, um die Wohnung zu sehen oder etwas auszumessen, tanzte die Tochter fast. Und jetzt, als würde Agron sie zum ersten Mal sehen, wirkte seine Tochter noch erwachsener, noch weitaus offener, genauso wie die Blume, wenn sie aus dem Schatten geholt und in die Sonne gestellt wird.

Verglichen mit dem bisherigen dunklen Raum, in dem sie noch nicht einmal gelacht hatte, bewegte sie sich jetzt wie ein Schmetterling. Diejenige, die so still gewesen war, mischte sich neuerdings, ohne zu zögern, in Gespräche ein, auch in solche mit der Schneiderin oder den Malern.

Doch auch Agron erschien es an jenen Tagen, als würde sich seine Zunge lockern, und das merkte er selbst, ohne dass es ihm jemand sagte. Derjenige, der acht Stunden seinen Verpflichtungen nachgegangen war, ohne dabei einmal zu irgendeiner Tätigkeit „Nein" gesagt zu haben. Derjenige, der so viel wie ein „Tauber" sprach.

Seitdem sie ihm die Bestätigung über seine neue Wohnung im Zentrum gegeben hatten, bedankte Agron sich regelrecht bei der Kommune und beim Land öffentlich und intern, sodass jemand aus der Nachbarschaft unter seinem „Säuferbart" lächelte, als er ihn hörte und ihn dabei als Marionette bezeichnete.

Vorgestern, als er seinen Umzug mit dem Sprinter seines Bekannten erledigte, schenkte die Hausmeisterin des Asylbewerberheims ihm eine Vase mit einer Viola, die gerade blühte. Seiner Tochter sagte sie, sie solle sie auf die Fensterbank des Zimmers stellen, da dort Platz und vorzugsweise Licht genug wären. Die Hausmeisterin bat sie dreimal darum, die Viola ans Licht zu stellen.

Zum ersten Mal konnte Agron seine Ehefrau und seine Tochter in einer Wohnung erkennen, bisher hatte er die beiden in dem „Raum-Knast", wo sie gelebt hatten, nur im Halbdunkeln gesehen. Regelmäßig im Lichtschatten. Heute aber ...

Wenn alle Sachen geordnet sind, wird er sich trauen, seine Verwandten nach so vielen Jahren endlich einzuladen. Alles drehte sich in Agrons Kopf, jetzt, wo er dort stand und darauf wartete, in das Büro des Bürgermeisters einzutreten.

Letztendlich ging die Streitigkeit im Büro zu Ende und Agron konnte durch die Tür die Stimme des Bürgermeisters hören, der sagte: „Komm jetzt, stell dir vor, ich habe nichts gehört, hier eine Zigarette, bitte schön ..."

Agron schüttelte den Kopf. Er wollte nicht glauben, dass sich der Bürgermeister erneut auf solche derben Beleidigungen einließ und weich und kuschelig dem anderen schließlich den Schwanz streichelte.

Mit seiner Ehefrau, Teuta, hatte Agron eine Nacht zuvor darüber gesprochen. Für die Wohnung hatte der Bürgermeister von ihnen nichts verlangt, jedoch sollte man ihn nicht ganz „ohne" lassen. Da die Tochter letzten Endes bald mit der Schule fertig sein würde, wäre das Stipendium erforderlich.

Außerdem verhielten sich die Menschen, als ob sie eins wären: Alle wunderten sich, wie Agron, ein „Stück Arbeiter" und Asylant, es bloß schaffte, die Wohnung in den Griff zu bekommen. Weder im Erdgeschoss noch in der fünften Etage, wo üblicherweise die älteren Menschen, Personen slawischer Herkunft und Rotationsmenschen wohnten, sondern in der dritten Etage würde er leben. Und das Ganze quasi ohne Bestechung, nicht einmal einen Kaffee hatte er dafür ausgeben müssen!

Agron stand auf. Den Raum, in dem die Städtischen warteten, betrat der Teamleiter des Sozialamtes, Herr Slawa.

„Guten Abend, Herr Agron!"

„Guten Abend, Herr Slawa!"

„Wartest du schon lange?"[1]

„Nein, eine Stunde."

„Na dann, gut ..."

Slawa betrat, ohne zu klopfen, das Büro, in dem der Bürgermeister wartete, während Agron sich die Frage stellte, woher Slawa wusste, dass er vom Bürgermeister eingeladen worden war. Egal, er hatte keinen Grund, unruhig zu werden. Slawa und den Bürgermeister sah er schließlich regelmäßig zusammen.

Sobald Slawa eingetreten war, verließ derjenige, der sich mit dem Bürgermeister gestritten hatte, den Raum. Die Bürotür blieb offen und Agron stand auf, in der Erwartung, dass sie ihm anbieten würden, einzutreten.

In der Tat, sie hatten ihn nicht eingeladen, mit seiner Ehefrau zusammen zu kommen, doch er dachte, es wäre sicher viel besser, zu zweit dort zu sein. Daher hatte Teuta ihn begleitet.

Warum hatten sie ihn überhaupt eingeladen?

„Über wen wurde entschieden, zur Familie Agron Iravosok geschickt zu werden?", hörte Agron die leise Stimme des Bür-

---

[1] Er wird zunächst mit dem vermeintlichen Nachnamen angesprochen und dann geduzt. So lautet die wörtliche Rede des Teamleiters. (Anmerkung des Autors.)

germeisters, der dem Teamleiter des Sozialamtes, Herrn Slawa, diese Frage stellte.

„Sie werden Frau Korçula Nictylemann dort hinschicken ...“

Agron zitterte. Er zitterte und schaute seiner Frau direkt in die Augen. Doch er erlitt keinen Schock. *Keine Ahnung hat die Arme!,* sprach er einfach so mit sich selbst. Einfach so nahm er sie mit.

Doch Frau Korçula Nictylemann, was für eine war sie?, fragte sich Agron und hob seinen Blick, der über dem Eingang verweilte, dort, wo alle Porträts der eminenten Mitglieder der Reihe nach angebracht waren. Sie war die einzige Frau unter ihnen. Sehr selbstbewusst und kompetent wirkte sie. Sicherlich werden sie sie zum kommenden Fest zu einem Besuch in seine neue Wohnung schicken.

„Komm, Herr Agron Iravosok, komm!“

Agron knetete seine Mütze in der Hand zusammen. Slawa schaute ihm mit einem freundlichen Blick entgegen.

„Hast eine Wohnung bekommen, Herr Agron?“, fragte er.

„Jawohl, Herr Slawa.“

„Schöne Wohnung, glaube ich.“

„Wir hatten es sehr schlecht, Herr Slawa. Das kommt mir wie ein Traum vor. In der Tat, es ist nur ein Raum mit Küche, doch in einem Kellerraum haben wir uns jahrelang aufhalten müssen, im Dreck und im Dunkeln.“

Herr Grünewald und Slawa schauten sich an.

„Wenn wir das Licht der Tatsachen zu sehen schaffen, Herr Agron, dann haben wir alles ...“

„Genau so ist es, Herr Slawa, genau so, dem Licht verdanken wir auch unser Leben.“

Slawa knackte mit den Fingern, wie es üblicherweise Männer in Mordfällen taten.

Agron begriff das auch, aber er verstand wiederum auch nicht, was hier los war und warum sie ihn eingeladen hatten. Letzten Endes konnte er jetzt wohl jedem ‚herzlich willkommen‘ sagen, selbst einem Minister.

„Du weißt, Herr Agron, dass der 3. Oktober vor der Tür steht."

Wie sollte Agron es nicht wissen? Selbst wenn er es vergessen haben sollte, Radio Gypparrtall machte jeden Morgen seinen Job. Sogar die neue Wohnung wurde ihnen kurz vor dem 3. Oktober gegeben.

Agron schüttelte den Kopf.

„Letzten Abend sind wir in einer Amtssitzung zusammengekommen. Alle Menschen sagten, dass du, Agron Iravosok, zu uns gehörst und außerdem sehr stark integriert bist."

„So ist es, Herr Slawa, genau so."

„Selbst wenn du Agron heißt, hast du dich sehr gut angepasst?!"

„Ich kann auch Heinrich Fliegenschiss heißen, wenn Sie mir einen neuen Namen geben möchten. Dahingehend sollten Sie dennoch wissen, dass ein typischer deutscher Name genau wie ein anderer Name, etwa Kazimir-Zemaljak Parraçin, nicht bei jedem Bürger dieses Landes verstärkten Anklang findet. Also, ich habe alles für Sie getan, ich bin hier und stehe vor Ihnen ..."

„Und für die Gegend im Zentrum, zum Fest, hatten wir dafür zwei Mitglieder, den Vorsitzenden und Frau Korçula Nictylemann ...", sagte Herr Slawa.

„Im Übrigen, hat Ihre Frau jetzt ein neues Attest?!", fragte Slawa unerwartet.

„Jawohl, Herr Slawa, hat sie ..."

„Unabhängig davon, sie hat hier keinen Sprachkurs belegt! Ihre Abschiebung ist noch in der Bearbeitung. Du, Agron, mit deiner Tochter, ihr dürft vorerst hier in Deutschland bleiben! Und ich empfehle Ihnen, Ihre Ehefrau sollte die Abschiebung freiwillig akzeptieren. Denn nur so wird ihr eine erneute Einreise nach Deutschland bewilligt. Vorher aber muss sie im ‚Kikiriiikuuu' einen Deutschkurs belegen!"[2]

„Sie spricht doch ausgezeichnet Deutsch! Ich habe auch keinen Deutschkurs absolviert und ... Dabei stehen einem aber häufig die Haare zu Berge, wenn man einige sogenannte Fachärzte, beispielsweise für Radiologie, Orthopädie und andere, reden hört. Denn diese sind der deutschen Sprache kaum mächtig und stammen ursprünglich aus mächtigen slawischen Ländern. Der Staat kann und darf solchen Protagonisten keinen hochwertigen Sprachkurs andrehen, weil sie nun einmal den mächtigen Völkern angehören. Zumal die deutsche Sprache ganz bestimmt nicht an meiner Ehefrau scheitern wird."

„Gesetz ist Gesetz!"

„Es kommt einem so vor, als ob die Regierung, durch angesammelte Vorurteile und Wut, willkürlich mit Menschen umgeht, die ursprünglich kulturvollen und friedlichen kleineren Völkern angehören. Nach dem Motto: ‚Vor lauter Angst vor dem Esel tritt man wenigstens erbarmungslos auf dessen Sattel' ...!"

„Also kehren wir nun zur Sache zurück!", bestimmte Herr Slawa.

Agron schien das Herz stillzustehen. Er konnte die Geschichte mit der Abschiebung seiner Ehefrau jetzt bloß nicht ansprechen. Vor lauter Angst, dass - wenn er dies tun würde - die Wohnungsvergabe in einer Ablehnung münden und ab sofort in Vergessenheit geraten würde.

---

[2] Jetzt siezt Herr Slawa ihn wieder. Das ist die wörtliche Rede des Teamleiters. Vor dem Hintergrund ist das wechselnde Siezen und Duzen nachvollziehbar. (Anmerkung des Autors.)

Herr Slawa nannte auch den Vorsitzenden. Agron wäre in der Lage, ihn zu empfangen ... Doch nein, Herr Slawa hatte es nicht so genau gesagt.

„Also, Frau Korçula Nictylemann ist für dich zuständig, da du zu uns gehörst, als fleißiger und integrierter Immigrant ...“

Agron hielt die Hand seiner Ehefrau zum ersten Mal nach so vielen Jahren ganz fest. Ihre Hand zitterte, da sie die größte Sorge trug als Hausherrin, als Ehefrau, als Mutter. *Denn wenn es darum geht, Gäste zu empfangen, durchquert jeder wahre Mann den Fluss zu Fuß*, dachte Agron. *Und mit Sicherheit haben sie mich heute eingeladen, um mich zu informieren. Doch die Zuständigen des Amtes möchten dir vielleicht nach so langer Zeit auch bei einer weiteren Angelegenheit behilflich sein ...* Diese Gedanken gingen dem Ehepaar durch den Kopf.

„Nun, Frau Korçula Nictylemann hatten wir nominiert und ihr dich empfohlen. Das Porträt, zwei mal drei Meter, wird dort bei jedem Fest, an jedem Jahrestag und bei jeder Feier, auch bei jeder gehaltenen Konferenz hängen. Für den Gefallen, der dir getan wurde.“

Oh Gott, was bloß seine Ohren hörten ... Ein Porträt, so groß wie eine Wohnungswand. Von den Porträts, denen er im Stadtzentrum begegnet war ...

Am Anfang konnte er das nicht erfassen, doch im Nachhinein spürte er, wie ein Speer seine Schulter durchbohrte.

Die Stirn seines Wohnungseinganges mit dem Blick Richtung Zentrum verfügte nur über ein Fenster. Wenn sie aber ... Oh Gott, wenn sie aber das Fenster mit dem Porträt der Frau Korçula Nictylemann zusperren würden? Als ob die Information, die Geschichte mit der Abschiebung seiner Ehefrau nicht schon genug gewesen wäre ...

Agron und seine Ehefrau verließen außer sich das Büro. Die Beine führten sie zusammen zum Haus. Vielleicht waren sie gestern noch von den ganzen Dekorationen der Stadt wegen des Jahrestages beeindruckt gewesen, aber heute?

Jemand grüßte ihn. Er hob den Kopf, lächelte leicht, um die Begrüßung mit den gleichen Gesten zu erwidern, doch das Lächeln fror auf seinen Lippen ein.

Dahinter, das einzige Küchenfenster, wurde von dem überdimensionalen Porträt einer Frau versperrt. So etwas wie ein großes Wollknäuel hatte sich in seiner Brust gesammelt. Ihm schnürte sie das Herz zu. Oh Gott! Sie hatten ihm die Wohnung gegeben, doch das Licht nahmen sie ihm weg. Sie hatten Scherze mit ihm gemacht, sie lachten ihn aus. Und jetzt, noch mehr als je zuvor, begriff er endgültig, warum ihm die Ecke im Stadtzentrum zustand. Das kam ihm unglaublich vor. Er lief schneller, sodass seine Frau hinter ihm zurückblieb.

Im Treppenhaus nahm er jeweils zwei Stufen auf einmal. Die Türe der Wohnung fand er offen vor und seine Tochter Saranda weinte. Sie weinte durch das Porträt im Halbdunkeln.

Er lief ein paar Schritte zum Fenster, zum Porträt hin. Er schaute es von hinten an. Der Mensch auf dem Porträt lachte ihm zu, sagte fast zu ihm: „Einen Igel kannst du auf den besten Teppich stellen, der wird trotzdem den Dorn im Gebüsch verlangen! Denn ein Stein wiegt schwer, aber nur solange er von seinem ursprünglichen Platz nicht wegbewegt wird!"

Im Knast gefangen war er im Keller des Asylbewerberheims, im Knast blieb er auch jetzt.

Auch die Handschellen und Fußketten, selbst wenn sie aus purem Gold wären, zum Fangen und Sperren sind sie ja gedacht.

„Vater, zum Dekorieren kamen sie, und sie fixierten das Porträt dort. Vater, sie verwehren uns das Sonnenlicht für immer ..."

Etwas sammelte sich in seinem Schweigen an. Dasselbe, was er in seinem Hals spürte, hatte sich viel früher in seiner Seele aufgestaut.

„Phu, pfui, sitz, furchtbar!", spuckte er in Richtung Porträt. Danach zog er seine Tochter an sich - ihretwegen war er nicht in der Lage, mehr zu tun. Er weinte gemeinsam mit ihr.

Auch die Viola auf der Fensterbank, ohne Licht, ohne Frische und ohne Duft, ließ ihren Kopf hängen.

Hinweis: Der Tatsachenbericht „DAS PORTRÄT" beruht zum größten Teil auf wahren Begebenheiten - aus den schriftlich geführten Evidenz- und Gedächtnisprotokollen der Betroffenen.
Herbst 1992, Frühling bis Sommer 1993, April 2003, Mai bis Oktober 2010: Haselünne (Ems), Wuppertal, Wenden/Olpe.

DAS GERICHT DES GELOBTEN RECHTSSTAATES - DER HÖCHSTE GRAD VON UNGERECHIGKIET IST GEHEUCHELTE GERECHTIGKIET
(Anatomie des Verbrechens)

Wuppertal - Deutschland, den 04.06.2016

Einschreiben mit Rückschein an das „Gewissen" (!) der Rechtsstaatlichkeit

DAS GERICHT DES GELOBTEN RECHTSSTAATES - DER HÖCHSTE GRAD VON UNGERECHIGKIET IST GEHEUCHELTE GERECHTIGKIET

(Anatomie des Verbrechens)

Verfassungsbeschwerde & Verfassungsklage:
Urteile 80 D 12/12 Amtsgericht und 8 A 101/12 Landgericht W.

Sehr geehrte Damen und Herren,

gegen das Urteil des Amtsgerichts W., das am 02.03.2012 verkündet wurde, gegen das wir mit unserem Schreiben vom 16.04.2012 Berufung eingelegt haben, und gleichwohl gegen das Urteil des Landgerichts W., das am 21.03.2013 verkündet wurde und erst am Donnerstag, den 20.06.2013, bei uns eingegangen ist, erheben wir Verfassungsbeschwerde. Das Urteil des Amtsgerichts W. wurde unter den Zeichen 80 D 12/12 und das Urteil des Landgerichts W. wurde unter den Zeichen 8 A 101/12 geführt.

Das Vorwort, die Begründung - die ausführlich erklärenden Anlagen - und das Schlusswort zur Verfassungsbeschwerde & Verfassungsklage finden Sie auf den folgenden Seiten.

Mit freundlichen Grüßen

Eheleute Venesia & Adonis Time

DAS GERICHT DES GELOBTEN RECHTSSTAATES - DER HÖCHSTE GRAD VON UNGERECHIGKIET IST GEHEUCHELTE GERECHTIGKIET

(Anatomie des Verbrechens)

Vorwort zur Verfassungsbeschwerde & Verfassungsklage: Urteile 80 D 12/12 - Amtsgericht und 8 A 101/12 - Landgericht W.

Im August 2008 lernte ich, Adonis Time, Herrn Dr. Knut-Osnabrück Sigismund Tröger kennen. In der ‚W. Rundschau' hatte er zu jener Zeit inseriert und einen handwerklich geschickten Mitarbeiter gesucht. Als Student kam ich damals als Vertriebener direkt von der Universität hierher.

Nach meiner Einreise in die BRD habe ich zunächst in verschiedenen Berufen gearbeitet, um von staatlichen Leistungen unabhängig zu sein. So habe ich nach meiner langjährigen Berufserfahrung als Maler hierzulande meine handwerklichen Fähigkeiten noch konstruktiver ausgebaut. Wegen gesundheitlicher Einschränkungen hatte ich in dem Zeitraum keinen Job, sodass ich mein Interesse an der publizierten Annonce des Herrn Dr. Tröger bekundete, indem ich mich auf die Stelle bewarb.

Daraus resultierte ein Zusammentreffen. Wir lernten uns kurz persönlich kennen und ich hinterließ bei Herrn Dr. Tröger einen positiven Eindruck. Dennoch wollte er sich das zunächst noch überlegen, dann werde er sich entscheiden.

Mich erstaunte folgender Satz, den Herr Dr. Tröger schon bei unserem ersten Gespräch aussprach. Er sagte - Zitat: „Ich bin ein gebranntes Kind!", und ich wusste überhaupt nicht, wie ich dies exakt zu dechiffrieren hatte. Ich fragte auch nicht weiter nach, was er zu bedeuten hätte. Meine persönliche Kultur und die erfahrene Erziehung gestatten es mir zum Glück nicht, die Lebensschiene von anderen Menschen mit nicht willkommenen, zensierenden Äußerungen und intoleranten Fragen zu strapazieren, geschweige denn sie zu diskriminieren. Insofern nahm ich den Satz schlicht als Teil des Gespräches zur Kenntnis und ich hatte nun seine Antwort abzuwarten.

Kurz danach kam ein weiteres Treffen zwischen uns zustande. Er entschied sich dafür, mich einzustellen. Herr Dr. Tröger vermittelte mir einen solventen Eindruck. Er war im Besitz eines Doktortitels, er sollte Doktor der Physik sein. Er, als Intellektueller - wie ich ihn mit meiner Wissenskapazität einschätzen konnte -, schaffte es, seine Fachliteratur sowie seine Erfolge und Korrespondenzen bis in die Schweiz erfolgreich zu vermitteln. Insofern formte ich meinen Respekt und meine Hochachtung vor seiner Person.

Verständlicherweise wollte ich meinem Vorgesetzten auch meine Seriosität und Loyalität vermitteln. Dies konnte ich ihm unmittelbar umsetzen und Herr Dr. Tröger brachte mir sein Vertrauen und seine Sympathie entgegen. Zudem bevorzugte er, und das schon von Beginn an, sich stundenlang mit mir zusammenzusetzen und zu diskutieren. Die Räumlichkeiten dazu waren ihm, als mehrfacher Eigentümer, entsprechend gegeben.

Sein Prinzip lebte Herr Dr. Tröger aus, indem er sich mit seinen „Vertrauenspersonen" viele Male hinsetzte und alle möglichen Themen ausdiskutierte. Diese „Vorgehensweise" bestätigte mir auch Herr Maniok Doleslawa - derzeit sein einziger „Vertrauensmitarbeiter" -, kurz nachdem wir beide uns kennengelernt hatten. Als Gegenleistung dafür gab Herr

Dr. Tröger eine Tasse Kaffee aus, manchmal auch eine Bockwurst im Brötchen. Die investierte Zeit des Mitarbeiters, die schlicht nur für das Interesse des Vorgesetzten in Anspruch genommen wurde, betrachtete Herr Dr. Tröger als Selbstverständlichkeit. Zunächst machte ich das mit, weil ich das eingegangene Arbeitsverhältnis keinesfalls belasten wollte.

Herr Dr. Tröger war zu der Zeit, als er zu meinem Vorgesetzten wurde, 57 Jahre alt, und, wie er mich informierte, sollten seine Eltern ursprünglich von irgendwo aus Osteuropa stammen.

Als wir uns kennenlernten, gab mein Vorgesetzter mir bekannt, dass seine tüchtigen Eltern seit einigen Jahren nicht mehr leben. Während sie noch gelebt hatten, sollen sie ihm jedoch ein dauerhaftes Präsent vermacht haben. Sie haben ihrem Sohn, einem Einzelkind, den Grundstein des Geschäftes hinterlassen.

Herr Dr. Tröger hat das Geschäft seiner Eltern übernommen und weiterentwickelt. Er besitzt ein Haus in Hamburg, ein weiteres Haus samt mehrerer Hektar Land nordöstlich der Hansestadt - am Rande der Elbe (irgendwo in einem kleinen Gebiet der ehemaligen DDR) -, eine Wohn- und Schlafbleibe in der Hansestadt Lübeck, sieben Wohnungen mit jeweils über 70 oder 80 Quadratmetern in Sprockhövel, sein Zuhause in Erkrath, zwei Mehrfamilienhäuser in der Brichtstraße in Wuppertal-E., ein Mehrfamilienhaus in der Roststraße in W.-E., ein Mehrfamilienhaus in der Ronstraße in W.-E., zwei Mehrfamilienhäuser in der Mondstraße in Wuppertal-S., und schließlich kaufte er im Spätfrühling beziehungsweise zum Sommeranfang 2011 ein Mehrfamilienhaus in der

Ziegenbartstraße in Wuppertal-O. Das war der Stand seiner Immobilien bis August 2011.

Wie ich von seinen Mitarbeitern und von meinem Vorgesetzten selbst informiert worden war, war die einzige Person in Nordrhein-Westfalen, die sich zu seinem engen Kreis zählen durfte, Herr Maniok Doleslawa. Danach sollte ich es werden, gleichsam als „dessen Ersatz".

Herr Maniok Doleslawa war etwa gleichaltrig mit Herrn Dr. Tröger und stammte gleichfalls von irgendwo aus Osteuropa - in der Hinsicht war er sozusagen ein ehemaliger Landsmann des verstorbenen Herrn Tröger Senior.

Herr Doleslawa soll als Spätaussiedler seit Anfang oder Mitte der 80er Jahre in Deutschland leben. Er hatte seit seiner Ankunft auch schon für den Vater und die Mutter des Herrn Dr. Tröger gearbeitet. Dieses „Arbeitsintermezzo" und das Vermächtnis seiner Eltern wertete Herr Dr. Tröger als seinen besten Vorzug - ganz nach dem Motto: Da Herr Doleslawa ursprünglich aus der gleichen Gegend kommt, ist er ihm entsprechend nahe.

Dementsprechend durfte sich Herr Doleslawa als vertrauensvoller Mitarbeiter um die Herzensanliegen des Herrn Dr. Tröger kümmern, indem er zum Beispiel den Zustand der Gräber von den Eltern des Vorgesetzten auf Vordermann brachte, sie pflegen durfte und weitere unbekannte Angelegenheiten verrichtete - Aufgaben, die mir nicht anvertraut wurden, weil diese laut Herrn Dr. Tröger nicht für mich vorgesehen waren.

Dennoch schien es mir, als ob ich mein geistiges Potenzial, das Herr Dr. Tröger in seinem Umfeld bis dahin anscheinend vermisste und nicht ausleben durfte, exzellent zu repräsentieren schaffte, und ich hatte den Eindruck, dass es ihm gefiel. Da ich ebenfalls ursprünglich aus den Naturwissenschaften kam, tauschten wir uns auf der akademischen Ebene ohne Barrieren aus.

Im Frühling 2009 bin ich in das Haus in der Ronstraße 39, in 42119 W. eingezogen. Ich wurde von Herrn Dr. Tröger fast dazu überredet, in sein Haus einzuziehen. Mit „fast dazu überredet" meine ich Folgendes: Vor mir hatte diese Wohnung eine gewisse Frau Tina Pracht bewohnt. Deren Auszugsgründe waren umfangreich: An erster Stelle standen die versprochenen Modernisierungsmaßnahmen, zum Beispiel sollte eine neue Heizungsanlage im Haus installiert werden, was Herr Dr. Tröger jedoch nicht in die Gänge bringen wollte, obwohl er ursprünglich sehr gerne einen Staffelmietvertrag für seine Mieter praktizierte. Außerdem hatte es in der erwähnten Wohnung unmittelbar vor meinem Einzug einen Wasserschaden gegeben. Die Böden im Badezimmer, im Flur und im Wohnzimmer waren von der Wassermenge, die vom Wasserschaden hergeleitet worden war, ziemlich stark und lange bewässert gewesen.

Ich bekam Angst, als ich die Wohnung erstmalig sah. Überall waren Seile, große Eimer, Dreck und schmutziges Wasser zu sehen. Weiterhin traf ich einen älteren Herrn vor Ort, der damit beschäftigt war, die Wassermenge mithilfe von Eimern nach draußen zu transportieren. Sein Name lautete Wurstherr Bretzel und er wohnte im selben Haus, eine Etage über der Wohnung von Frau Pracht.

Herr Bretzel, ebenfalls ein Mieter des Herrn Dr. Tröger, war über 70 Jahre alt und hatte eine nette Ehefrau, die an ihren Schienbeinen erkrankt war. Das Ehepaar hatte bereits über 38 Jahre in der Ronstraße gewohnt, ebenfalls im selben Haus, noch bevor Herr Dr. Tröger es gekauft hatte und schließlich zum Eigentümer geworden war.

Das Ehepaar Bretzel wäre begreiflicherweise nicht so gern dazu bereit, woanders hinzuziehen. Daher erledigte Herr Bretzel gerne die Aktivitäten für Herrn Dr. Tröger und arbeitete weiterhin fleißig für ihn. Akkurat und regelmäßig pflegte er allein den Garten, der sich hinter dem Haus befand. Zusammen mit seiner Nichte putzte er zusätzlich das Treppenhaus.

Die Ronstraße liegt nahe an der Universität W. Daher duldeten viele Mieter die Mängel der gemieteten Wohnungen, weil die Studenten allein wegen der Uni-Nähe die Wohnungen des Herrn Dr. Tröger in der Ronstraße 39 begehren würden, obwohl sie alle mit Gasheizkörpern ausgestattet waren, die vor Jahrzehnten eingebaut worden waren.

Als ich die Wohnung, die bis dahin von Frau Pracht bewohnt worden war, besichtigte, wurde mein Einzugswillen nicht nur durch den vorgefundenen Wasserschaden vermindert, sondern auch, weil bekannt gegeben wurde, dass im Schlafzimmer und in der Küche überhaupt keine Heizung installiert sei. Selbst die bereits erwähnten „Gaskolosse" in Form einer Heizung gab es nicht. Nicht einmal die Röhren waren da, die für eine eventuelle Installation der Heizkörper infrage gekommen wären.

Daraufhin folgte ein mündliches Versprechen von Herrn Dr. Tröger, indem er mir bei der Besichtigung bestätigte, dass die Modernisierungsmaßnahmen spätestens im Sommer 2009 vorgenommen würden. Demnach sollte mir der jetzige Zustand keine Sorgen bereiten.

Herr Dr. Tröger hatte sozusagen eine Allergie gegen den Leerstand der Wohnung. Insofern galt: Wenn aufgrund der umfangreichen Mängel und wegen des massiven Schimmelbefalls ein Mieter von ihm noch vor dem vertraglich vereinbarten Fristablauf aus seiner Wohnung ausgezogen war, wurde diese - egal in welchem Zustand sie sich befand - sogleich für die Weitervermie-

37

tung zur Verfügung gestellt. Die Wohnung wurde kurzerhand aufgefrischt, und anschließend wurde der Schimmelbefall mithilfe seines berühmten Schimmelvernichters behandelt.

Währenddessen wurde Herr Dr. Tröger aktiv, um dem ausgezogenen Vormieter ohne Verzögerung materielle Ansprüche in Rechnung zu stellen, und parallel dazu hängte er am Fenster der betroffenen leerstehenden Wohnung seine berühmten Gardinen auf, die ich bereits seit Herbst 2008 kenne. Nach dem Motto: „Schau mal, die nächste Mietpartei wohnt bereits hier und du hattest somit keinen Grund, meine Wohnung fristlos zu verlassen, und auch die von dir aufgelisteten Mängel wurden bloß erfunden!"

Das bot sich jetzt an, da ich logischerweise sein Wunschkandidat war - ich sollte die erwähnte Wohnung in der Ronstraße 39 alsbald anmieten -, hieß es.

Derzeit befand ich mich zwar in einem geringfügigen Beschäftigungsverhältnis, in einem sogenannten Minijob. Von Beginn an hatte Herr Dr. Tröger mir eine Vollzeitbeschäftigung zugesagt, sobald seine wirtschaftliche Lage sich entsprechend gestalten würde, zunächst mündlich, danach hatte er mir dies auch schriftlich bestätigt.

Als Anlage ist die schriftliche Bestätigung vom 06.06.2010 in Kopie beigefügt.

Daraufhin erstellte Herr Dr. Tröger einen „prallen Mietvertrag" in Form einer Staffelmiete, den ich unterzeichnete. Im Vorfeld beharrte er darauf, 600,00 Euro als Mietkaution von mir zu bekommen.

Diesen Betrag erhielt er von mir, obwohl mir die Wohnung in einem miserablen Zustand übergeben wurde. Ich durfte nur unterzeichnen und anschließend renovierte ich die Wohnung selbst. Meine dafür investierte Zeit wurde mir von Herrn Dr. Tröger nicht vergütet. Nach seinem stets praktizierten zynischen Motto „Sie dürfen jetzt bei mir wohnen" (!) steckte er den Betrag von 600,00 Euro in seine Tasche, und ich weiß bis heute nicht wofür.

Als Anlage ist der Mietvertrag vom 12.02.2009 in Kopie beigefügt.

Ungeachtet dessen schaffte ich es, die Wohnung halbwegs auf Vordermann zu bringen, allein im Interesse meiner eigenen Gesundheit - weil die vorgefundene Wohnungssituation mir zu Recht zu bedenken gab, dass ich mich von dem dortigen Ungeziefer auch infizieren könnte.

Bevor ich mit den Renovierungsarbeiten in der Wohnung im Erdgeschoss, links des Hauses Ronstraße 39, 42119 W., begonnen hatte, machte ich ein paar Fotos von dem damaligen Wohnungszustand und führte eine Art „Protokoll" beziehungsweise „Wohnungsabnahme" aus. Das brauchte Herr Dr. Tröger unbedingt für die ehemalige Mieterin, Frau Pracht, um ihr die Kosten in Rechnung stellen zu können. Schließlich war ich überrascht, als nachträglich die bereits erwähnte Wohnungsabnahme sowohl von Herrn Bretzel als auch von Herrn Doleslawa unterzeichnet wurde.

Herr Bretzel hatte - wie bereits erwähnt - das übergelaufene Wasser mithilfe von Eimern aus der Wohnung getragen, aber er war nicht dabei gewesen, als die Abnahme gemacht worden war, Herr Doleslawa erst recht nicht.

Den Wasserschaden hatte in der Tat eine Verstopfung des Abflusses, der sich in der Erde vor dem Haus befand, verursacht, jedoch nicht die langen Haare der Frau Pracht, wie Herr Dr. Tröger es gesehen haben wollte. Die Verstopfung wurde durch die getrockneten Blätter verursacht, die von den umstehenden Bäumen auf das Dach des Hauses und weiter in den Abfluss gelangt waren.

Unabhängig davon, dass Frau Pracht einen Anwalt engagierte, um ihr rechtliches Interesse vertreten zu können, verlor sie den Prozess. Es war nichts zu machen, weil Herr Dr. Tröger, wie bereits erwähnt, mehrere Zeugen hatte.

Parallel zu dem, quasi als „verzweigte Absicherung", lud Herr Dr. Tröger einen Obermalermeister, Herrn Olaf Eselpfoten, vor Ort ein, um den Wohnungszustand von ihm begutachten zu lassen. Entsprechend kam Herr Eselpfoten auch und stellte einen kompetenten Kostenvoranschlag über den Wohnungszustand aus. Das Ganze machte er für Herrn Dr. Tröger kostenlos.

Als Resultat bekam dieser den bereits genannten Mietkautionsbetrag von über 600,00 Euro von mir. Zusätzlich erhielt er im Zuge des festgelegten Kostenvoranschlags durch die Firma Olaf Eselpfoten von Frau Pracht den festgelegten Betrag für die notwendigen Renovierungsmaßnahmen. Für die gleichen Maßnahmen bekam er somit zweimal Geld. Obendrein hatte ich die „Ehre", die Renovierungsarbeiten kostenlos zu erledigen beziehungsweise damit „anzufangen", hat es geheißen. Insofern wurden die vollständigen angefallenen Arbeiten in der Wohnung, um die es hier geht, einfach kostenfrei und ausschließlich von mir erledigt.

Während ich mit den Renovierungsarbeiten zugange war, fiel mir auf, dass für die Austrocknung der in den Räumen frisch angebrachten Farbe, insbesondere in der Küche und im Badezimmer, entsprechend mehr Zeit zur Disposition gestellt werden musste, weil die Küche und das Badezimmer extrem eng konstruiert waren und es dort keine Fenster gab.

In der Küche war ein Geyser eingebaut, der mit Gas angetrieben wurde und die Wohnung mit Warmwasser versorgte. Ein Ventilator war ebenfalls installiert, wegen der Explosionsgefahr war dieser jedoch nicht an den Stromkreis angeschlossen und nicht in Betrieb genommen worden. Das hatte laut dem Vermieter damit zu tun, dass bei einer eventuellen Inbetriebnahme der Strom das Gas entzünden könnte, da beide Geräte dicht nebeneinander eingebaut waren. Daher habe ich, sobald mir der Vermieter bekannt gegeben hatte, dass der Ventilator wegen der Entzündungsgefahr nicht in Betrieb genommen werden darf, auch von dem „Lüftungsschacht" Abstand gehalten, der nur im Badezimmer eingebaut worden war.

Zumal dieser Schacht wegen einer „Problemfallpartei" - wie sie vom Vermieter bezeichnet wurde - absichtlich verschlossen gewesen sein sollte. Jener Schacht war von Innen nicht zu sehen, denn an der Öffnung war die dazugehörige Blende anmontiert. Als „Schutzmaßnahme" vor der genannten Mietpartei hat man den Schacht also noch vor meinem Einzug in die Wohnung vollständig abdichten lassen.

Während wir in der Wohnung gewohnt haben, hat die Mietpartei Bretzel, wegen der Störung der nächtlichen Erholungsphasen, unzählige Male die Polizei angerufen. Ziemlich oft kam diese deswegen zu uns ins Haus, auch nach Mitternacht, und hat die gemeinte Mietpartei persönlich ermahnt.

Als Anlage sind die am 18.03.2010 und am 27.06.2011 geführten Korrespondenzen des Herrn Dr. Tröger mit der erwähnten Mietpartei in Kopie beigefügt.

Die oben vorgetragenen Phänomene wurden mir jedoch erst nach meinem Einzug in die Wohnung bekannt gegeben, und zwar schrittweise.

Bevor ich in der Wohnung eingezogen war, machte ich nicht nur ein paar Fotos, die den Wohnungszustand vor meinem Einzug dokumentierten, sondern hatte auch Zeugen vor Ort geladen, die den vorgefundenen Wohnungszustand bestätigten.

Die Beweise, die den tatsächlichen Zustand der Wohnung vor meinem Einzug belegen, lauten:

Beweise:
Anliegende Lichtbilder - geordnet unter B I,
das Zeugnis der Frau Linda Boot,
das Zeugnis des Herrn Hup Boot und
das Zeugnis des Herrn Shpat Boot,
Anschrift: Königstraße 34, 42329 W.

Der Sommer 2009 war gekommen und schließlich vorübergegangen, die von Herrn Dr. Tröger versprochenen Modernisierungsmaßnahmen im Haus der Ronstraße 39 jedoch hatten nicht einmal angefangen.

Unabhängig davon verlief die bisherige Korrespondenz zwischen uns unverändert weiter. Ich bemühte mich, meinen Respekt und meine Zuverlässigkeit dem Vorgesetzten gegenüber immer korrekt beizubehalten.

Im Jahr 2010 heiratete ich meine heutige Ehefrau. Auch über meine Heirat gab es eine bemerkenswerte und äußerst merkwürdige Äußerung des Herrn Dr. Tröger, da er wortwörtlich zu mir sagte: „Mussten Sie heiraten?!" Ich habe dies nur als eine Frage von ihm aufgenommen und mir nichts weiter dabei gedacht. Um unser Verhältnis zu verbessern, luden wir ihn zum Essen ein.

Selbst nachdem unser Sohn geboren worden war, war er herzlich bei uns zum Essen eingeladen, er genoss die Kochkünste meiner Ehefrau und sagte dabei zu ihr: „Frau Time, vielen Dank, es war sehr lecker."

Herr Dr. Tröger war einige Male bei uns in der Wohnung zu Besuch. Dabei gab er uns leere Versprechungen und versuchte, uns zu beruhigen, indem er uns bestätigte, dass er sich schleunigst um den massiven Schimmelbefall kümmern würde und wir deshalb wirklich keinen Grund zur Besorgnis hätten. Zugleich versuchte er als selbsternannter „Freund unserer Familie", uns zu überreden, indem er vor Ort zu uns beiden sagte: „Selbst für Sie zu dritt ist die Wohnung groß genug, oder?!" Vermutlich wollte er uns als Mieter behalten, egal wie.

Wir glaubten wieder einmal an das Wort eines reifen Mannes, obendrein an die Empfehlungen eines Wissenschaftlers, eines Physikers, des Herrn Dr. Tröger, als er uns flaschenweise den Schimmelvernichter zur Verfügung stellte und uns befahl, den Schimmel damit endgültig zu vernichten.

Unser Säugling musste infolgedessen nicht nur die für die Gesundheit in hohem Maße schädlichen Schimmelsporen, sondern auch die Chlor- und Ammoniakmengen einatmen, die aus den Flaschen mit den giftigen Präparaten freigesetzt wurden, die Herr Dr. Tröger uns besorgt hatte.

Meine Ehefrau musste dabei als junge Mutter unter solchen unzumutbaren Zuständen unseren Sohn stillen.

Ich selbst war seit 2007 an chronischem Asthma bronchiale erkrankt und wurde gezwungen, unter solchen Zuständen auszuhalten.

Ein Wissenschaftler, ein Physiker! Erst jetzt ist mir klar geworden, was er seinen zahlreichen Mietern angetan hat! Unzähligen Mietern, die mit massivem Schimmelbefall konfrontiert waren, besonders denjenigen, die mit kleinen Kindern im Haushalt lebten, hatte er als Eigentümer in meinem Beisein befohlen, den Schimmelvernichter anzuwenden.

Erst nachdem ich Herrn Dr. Tröger kennengelernt hatte, musste ich zum ersten Mal mit diesem Zeug zu tun haben. Er selbst setzte dieses Präparat sehr gern ein. Er hielt es für effektiv und ich musste zahlreiche völlig verschimmelte Wände und Böden in seinen leerstehenden Wohnungen damit nahezu auswaschen, um sie für das Weitervermieten vorbereiten zu können - besonders in den Wohnungen in der Mondstraße in W. und in Sprockhövel verwendete er den Schimmelvernichter äußerst gerne.

Das tägliche Programm des Herrn Dr. Tröger gestaltete sich folgendermaßen: In den späten Abendstunden nahm er deftige Mahlzeiten zu sich und anschließend telefonierte er mit seinen Mitarbeitern, sehr gerne auch nach 22:00 Uhr. Beliebig oft rief er mich nach 22:00, sogar nach 23:00 Uhr an. Das geschah unzählige Male. Mein ehemaliger Vorgesetzter telefonierte minutenlang mit mir über die andauernden Diskrepanzen, die er mit seinen unzähligen Mietern hatte. Überdies wirkte er am Telefon sehr gestresst und deshalb tauschte er sich auch mit mir aus. Ich durfte ihm zuhören, und versuchte, seine strapazierte Seele durch gewagte Sätze zu rehabilitieren, um dabei sein Interesse zu vertreten. Diese Art von „Angewohnheitsintermezzos" praktizierte er selbst noch, nachdem ich bereits geheiratet hatte, selbst noch, nachdem unser Kind das Licht der Welt erblickt hatte. Das duldeten wir, meine Ehefrau und ich.

Er knüpfte alles an das Beschäftigungsverhältnis an. Als einige seiner Mieter die Wohnungen verließen, fragte er mich sogar häufig, ob ich als „Zeuge" bereit sei, zu seinen Gunsten auszusagen.

Das Ganze verlangte Herr Dr. Tröger seinen Mitarbeitern überwiegend in den späten Abendstunden telefonisch ab, oder auch persönlich, indem er sie am darauffolgenden Tag zu einer Bockwurst im Brötchen einlud.

Es gefiel ihm nicht, dass ich seiner Vorgehensweise sehr skeptisch gegenüberstand und sie häufig als merkwürdig betrachtete.

Ich möchte nicht wissen, wie viele Korrespondenzen er mit dem „Mieterbund W.", „Mieterbund HH.", mit Rechtsanwälten, insbesondere aus W. und HH., wegen gescheiterten Mietverhältnissen durchgeführt haben dürfte.

Die meisten Briefe, Faxe und E-Mails soll Herr Dr. Tröger frühmorgens ab 02:00, 02:30 oder 03:00 Uhr formuliert und anschließend um die gleiche Zeit weggeschickt haben. Selbst unserem damaligen Prozessbevollmächtigten, Herrn Rechtsanwalt Hundertmarck, schrieb Herr Dr. Tröger Briefe zu diesen Uhrzeiten, und anschließend schickte er sie gleich an den Anwalt in Form von „per Fax vorab".

Als sehr bemerkenswert empfand ich auch die folgende Äußerung, die Herr Dr. Tröger äußerst gerne zum Ausdruck brachte: „Ich bin hier das Gesetz, Herr Time, und sonst keiner." Damit vermittelte er mir den Eindruck eines Despoten und, um ehrlich zu sein, ängstigte er mich zeitgleich. Immer wenn er diesen Satz aussprach, trieb er mich in meinem Inneren dazu, sogar seinen Doktortitel infrage zu stellen. Denn meines Erachtens sagt ein Doktor so etwas nicht, geschweige denn ein Naturwissenschaftler …

Mit freundlichen Grüßen

Eheleute Venesia & Adonis Time

DAS GERICHT DES GELOBTEN RECHTSSTAATES - DER HÖCHSTE GRAD VON UNGERECHIGKIET IST GEHEUCHELTE GERECHTIGKIET
(Anatomie des Verbrechens)

Begründungen und Fakten zur Verfassungsbeschwerde & Verfassungsklage:
Urteile 80 D 12/12 - Amtsgericht und 8 A 101/12 - Landgericht W.

Das am 21.03.2013 verkündete Berufungsurteil des Landgerichts W. ist erst am 20.06.2013 bei uns eingegangen. Wir waren als junge Familie völlig bestürzt und empört, als uns die eingangs genannten Urteile erreichten. Bis heute schaffen wir es nicht, diese „dubiosen Urteile" zu verkraften.

Als betroffene Eltern haben wir uns der gegnerischen Seite gegenüber bisher sogar zurückgehalten. Unser geliebter Sohn war zur Zeit des Geschehens ein Säugling und wurde ganz offensichtlich den Wohngiften und Schadstoffen ausgesetzt. Hier stellt sich die Frage, wieso Herr Dr. Tröger absichtlich unsere Gesundheit zerstören musste.

Unmittelbar nachdem wir das obige Urteil erhielten, nahmen wir Kontakt zum Prozessbevollmächtigten, Herrn Hundertmarck, auf. Er war selbst sehr davon betroffen und hat seine tiefste Enttäuschung darüber persönlich zum Ausdruck gebracht:

„Herr Time, die Kanzlei Ochsenmisst ist die größte Kanzlei in W. Viele der dort tätigen Anwälte sitzen bei der Staatsanwaltschaft W. Das Urteil wurde gefällt, ohne Sie vor Gericht vorzuladen! Ebenso wenig Ihre Ehefrau, geschweige denn die ernannten

Zeugen! Auch das letzte Gerichtsurteil wurde sehr arrogant und dubios formuliert. Ich habe selbst Kinder, Herr Time, und glauben Sie mir, ich bin äußerst empört darüber. Wäre ich an Ihrer Stelle, würde ich alles Mögliche tun, um dagegen anzugehen. Denn das Recht ist einfach auf Ihrer Seite. Alle Beweise sprechen dafür. Dennoch, so leid es mir auch tut, für Ihren Fall kann ich leider nichts mehr tun!"

Das waren die Sätze des Herrn Rechtsanwalt Hundertmarck höchstpersönlich bei unserem letzten Treffen am Dienstag, den 25.06.2013.

Zur Sache:
Wir erlauben uns, die Begründungen im Einzelnen aufzuzählen:

1. Mit seinem Schreiben vom 16.08.2011 setzte Herr Rechtsanwalt Hundertmarck Herrn Dr. Tröger über die Vertretung unserer rechtlichen Interessen in Kenntnis. Zunächst folgte der juristische Vortrag des Herrn Rechtsanwalt zu dem Sachverhalt.

Als Anlage ist das erwähnte Schreiben des Herrn Hundertmarck vom 16.08.2011 in Kopie beigefügt.

Daraufhin folgte das Schreiben des Herrn Dr. Tröger vom 23.08.2011 als Antwort. Seine Stellungnahme ist skurril. Beharrlich leugnet er zunächst den massiven Schimmelbefall. Weiterhin schreibt er: „Am Samstag, den 06.08.2011, gewährte mir Ihr Mandant erstmals Einblick in sein Wohnzimmer." Meine Ehefrau und ich fragen uns nur: *Ist das derselbe Herr Dr. Knut-Osnabrück Sigismund Tröger, der bei uns gegessen hatte?*

Danach will er Herrn Bretzel „als Zeugen zur Bestätigung" hinzugezogen haben. Selbst wenn das so sein sollte, wie

Herr Dr. Tröger das gesehen haben will, stellt sich die Frage: *Ist der genannte Herr Bretzel ein Mikrobiologe oder ein Spürwesen, und wie intakt sind die Sinnesorgane überhaupt bei einer Person, die Mitte 70 ist?*

Weiterhin zum Vortrag: In demselben Schreiben akzeptiert der ehemalige Vermieter den massiven Schimmelbefall indirekt. Dafür will er mir, meiner Ehefrau und unserem Säugling die Schuld zuschieben. Insbesondere darin ist dessen folgender Originalsatz sehr interessant: „Das ist beim Einsatz von 2,5 Liter chlorhaltigem Schimmelvernichter auch kein Wunder. Unverantwortlich ist dieses Verhalten, da dieses Zimmer gleichzeitig als Kinderzimmer genutzt wird und der wenige Monate alte Säugling in diesem Raum in seinem Kinderbett untergebracht wird."

Hierin bestätigt Herr Dr. Tröger, dass er uns den Schimmelvernichter selbst gekauft und zur Verfügung gestellt hat. Dass er zuvor unzählige Male unsere Wohnung sehen durfte, während er uns als junge Familie besucht hat. Denn am 06.08.2011 befand sich das Kinderbett nicht mehr in unserer Wohnung, sondern war längst entsorgt worden, weil es vom Schimmelbefall irreparabel zerstört worden war. Außerdem war das Wohnzimmer an dem besagten Tag leergeräumt, nachdem alles, was ursprünglich dort vorzufinden gewesen war, durch den massiven Schimmelbefall zerstört worden war und anschließend hatte weggeworfen werden müssen. Zum Schluss desselben Schreibens meint Herr Dr. Tröger, wir hätten uns am 06.08.2011 ihm gegenüber aggressiv verhalten, wie er selbst das gesehen haben will. Wäre das aber so gewesen, wie er es aus seiner Perspektive schildert, dann hätte er von uns ganz sicher nicht die Erlaubnis erhalten, unsere Wohnung so ausführlich zu begutachten.

Für uns ist es nichts Neues, mit dem Fakt konfrontiert zu werden, dass Herr Dr. Tröger permanent die Unwahrheit sagt und sie beharrlich zu vertreten versucht. Uns stört vielmehr das Phänomen, dass er im Ernst denkt, dass wir seinen zynischen Fantasien Glauben schenken. Denn letztendlich ist dies das Einzige, was uns über ihn in unseren Erinnerungen fest verankert verblieben ist.

Beweise:
Als Anlage ist das erwähnte Schreiben vom 23.08.2011 in Kopie beigefügt.
Die Lichtbilder, die den Schimmelbefall in unserer ehemaligen Wohnung glasklar und faktisch bestätigen - beginnend von B I bis B XII - sind beigefügt, ebenso wie die Zeugnisse der Frau Venesia Time und der Frau Linda Boot, die bestätigen, wer uns behälterweise den Schimmelvernichter gekauft, zur Verfügung gestellt und einzusetzen befohlen hat.
Frau Venesia Time möchte bitte als Zeugin geladen werden, um zu bestätigen, dass sie für Herrn Dr. Tröger mit großer Freude gekocht hat, als er als Gast bei uns in der Wohnung war.

53

54

59

2. Es floss zunächst weitere postalische Korrespondenz zwischen Herrn Rechtsanwalt Hundertmarck und Herrn Dr. Tröger.

Als Anlage sind die Schreiben des Herrn Rechtsanwalt vom 25.08.2011 und vom 29.08.2011 sowie das des ehemaligen Vermieters vom 02.09.2011 in Kopie beigefügt.

Mit seinem Schreiben vom 02.09.2011 bestätigt Herr Dr. Tröger selbst, dass er sich am 08.08.2011 ein weiteres Bild von unserer ehemaligen Wohnung machen konnte. Darin bestätigt er, dass er im Inneren unserer Wohnung war. Und das ohne unsere Erlaubnis! Das heißt, er hat unsere Wohnung betreten, als wir mit unserem Säugling auf dem Spielplatz und im Park waren, um frische Luft zu schnappen, während die Wohnung von den schädlichen Schimmelsprossen kontaminiert war.

Allein in diesem Zusammenhang weisen wir darauf hin, dass einer strafrechtlichen Prüfung der Angelegenheit nach § 123 StGB „Hausfriedensbruch" Folge zu leisten ist.

Unbeeindruckt davon und trotzig schreibt Herr Dr. Tröger in seinem gleichen Schreiben vom 02.09.2011 weiterhin: „Ihr Mandant hat die Wohnung bis heute - 02.09.2011 - noch nicht zurückgegeben." Auch diese Behauptung geht fehl, denn:

a.) Bereits am 26.08.2011 hatten wir die Wohnung, um die es hier geht, vollständig leergeräumt und wir sind von dort am besagten Tag endgültig ausgezogen. Am 29.08.2011 hatten wir die ehemalige Anschrift „Ronstraße 39, 42119 W." beim Einwohnermeldeamt W. abgemeldet und zugleich die darauffolgende Anschrift angemeldet.

b.) Herr Dr. Tröger bestätigt selbst, dass er einen Ersatzschlüssel von der ehemaligen Wohnung in seinem Besitz hatte und er diesen einsetzte, sobald wir abwesend waren.

3. Anschließend folgt die Antwort des Herrn Rechtsanwalt Hundertmarck.

Das Schreiben des Herrn Hundertmarck vom 09.09.2011 ist in Kopie beigefügt.

Herr Dr. Tröger versucht dann, mithilfe seiner längst bekannten Vorgehensweise als Ablenkungsmanöver, die Frucht der Formulierungen von Herrn Hundertmarck vollkommen zu entkernen.

Das Schreiben des Herrn Dr. Tröger vom 14.09.2011 ist in Kopie beigefügt.

Herr Dr. Tröger hat bei seiner Anwesenheit am 06.08.2011 A. Time selbst befohlen, eine Ecke des Laminatbodens zu entfernen, um darunter das Ausmaß des Schimmelbefalls sehen zu können. Bei der Entfernung der besagten Bodenecke im damaligen Wohnzimmer hat Herr Dr. Tröger selbst mit angepackt. Denn er machte nicht nur den Wasserschaden aus dem Frühjahr 2009 als Auslöser für den massiven Schimmelbefall verantwortlich, sondern vermutete, dass unter dem Boden auch mit einem Wasserrohrbruch zu rechnen sein könnte.

Beweis:
Das Zeugnis der Frau Venesia Time.

Auch seine Erfindung bezogen auf die Reihe an Zerstörungen, die der ehemalige Vermieter laut seines Schreibens vom 14.09.2011 in der damaligen Wohnung vorgefunden haben will, wird durch die Fotografien, die bei unserem Auszug in der Wohnung gemacht worden sind, und durch Zeugen, die dabei waren, dementiert. Ebenfalls wird seine Vermutung, dass die Wohnungsschlüssel erst am 10.09.2011 bei Herrn Bretzel abgegeben worden seien, hiermit durch Fakten dementiert.

Beweise:
Als Anlage ist die Bestätigung des Herrn Bretzel vom 08.09.2011 über den Empfang der erwähnten Schlüssel in Kopie beigefügt.
Fotografien, die bei unserem Auszug aus der Wohnung gemacht worden sind - geordnet unter B XII -, sind ebenso beigefügt, genau wie das Zeugnis der Frau Venesia Time, das Zeugnis des Herrn Si Mund, Papageienweg 1 a, 42275 W. Herr Mund hat uns bei unserem Umzug geholfen und war daher an dem erwähnten Tag ebenfalls anwesend.

4. Darauf folgt die Stellungnahme des Herrn Rechtsanwalt Hundertmarck.

Das Schreiben des Herrn Hundertmarck vom 06.10.2011 ist als Kopie beigefügt.

5. Mit seinem Schreiben vom 25.10.2011 fügt Herr Dr. Tröger der gesamten Angelegenheit durch seine Erfindungen und Fantastereien eine neue Dimension hinzu.

Das Schreiben des Herrn Dr. Tröger vom 25.10.2011 ist ebenso in Kopie beigefügt.

Fakt ist, dass Herr Dr. Tröger im Dezember 2010 eine gebrauchte Pkw-Limousine des Typs Suzuki Swift für exakt 1.100 Euro gekauft hatte. Dieses Fahrzeug mit dem amtlichen Kennzeichen EM- ... stellte Herr Dr. Tröger uns auch für die private Nutzung zur Verfügung.

Als Gegenleistung dafür verlangte er aber von uns, die gesamten Treppenhäuser seiner beiden Wohnobjekte, sowohl in der Brichtstraße 6 in Wuppertal-E. als auch in der Roststraße 49 in W.-E., einmal wöchentlich zu putzen und die Mülleimer zu den vorgegebenen Abholungsterminen hinauszustellen und nach dem Entleeren wieder ins Haus zu bringen. Für diese Aufgaben hatte er uns einen Geldbetrag von 80,00 Euro zugesagt. Dieser Betrag wurde von Herrn Dr. Tröger, als Eigentümer des bereits erwähnten Fahrzeuges, jedoch einbehalten und nicht an uns ausgezahlt, mit der folgenden Begründung: Wir, als junge Familie, würden das Auto gelegentlich privat nutzen. Eine entsprechende schriftliche Vereinbarung diesbezüglich ist zwischen uns nicht getroffen worden.

Beweise:

Das an das Gericht adressierte Schreiben des Herrn Rechtsanwalt Hundertmarck vom 28.11.2011 ist als Bestätigung in Kopie beigefügt, zudem das Zeugnis der Frau Venesia Time.

Insofern hat Herr Dr. Tröger von Januar bis Juli 2011 den uns mündlich zugesagten Betrag für die erwähnten Reinigungsarbeiten von 80,00 Euro einbehalten. Das ergibt einen Gesamtbetrag von 560,00 Euro, den der ehemalige Vermieter wegen der Nutzung des bereits erwähnten Fahrzeuges trotz unserer erbrachten Leistung nicht an uns ausgezahlt hat.

Aufgrund eines Verkehrsunfalls, der sich gegen Ende April 2011 ereignete, erhielt Herr Dr. Tröger von der Versicherung des Unfallverursachers den exakten Gesamtbetrag von 1.425,41 Euro für sein beschädigtes Fahrzeug. Dies bezieht sich, wohlbemerkt, noch auf dasselbe Fahrzeug.

Als Bestätigung hierfür ist in der Anlage das Gutachten des Sachverständigen für Kfz-Schäden, Herrn Helmut Weimer Sokolowakski, vom 09.05.2011 in Kopie beigefügt.

Insofern stellt sich hier die Frage, was Herr Dr. Tröger mit seiner Erfindung vom 25.10.2011 - als Ablenkungsmanöver - überhaupt bezwecken möchte. Er als Eigentümer mehrerer Häuser und entsprechend Eigentümer unzähliger Garagen und Kellerräume soll gerade uns die Räder für sein erwähntes Fahrzeug zur Aufbewahrung gegeben haben? Während wir, mit der Terrasse zusammen, in der ehemaligen Wohnung knapp über 40 Quadratmeter zum Wohnen und Leben zur Verfügung hatten? Selbst wenn er „knapp bei Kasse" gewesen sein sollte, hatte Herr Dr. Tröger denn noch nicht genug für sein Fahrzeug bekommen? Das fragen wir uns bis heute.

Er versperrte regelmäßig die Kellereingänge des Hauses Ronstraße 39, 42119 W. mit seinen Bauschutteimern und vollen Müllsäcken. In demselben Haus hatte er drei verschiedene Kellerräume blockiert, da sie mit unterschiedlichen Sachen von ihm zugestellt waren.

Als Bestätigung dafür sind Lichtbilder - geordnet unter B IX - beigefügt.

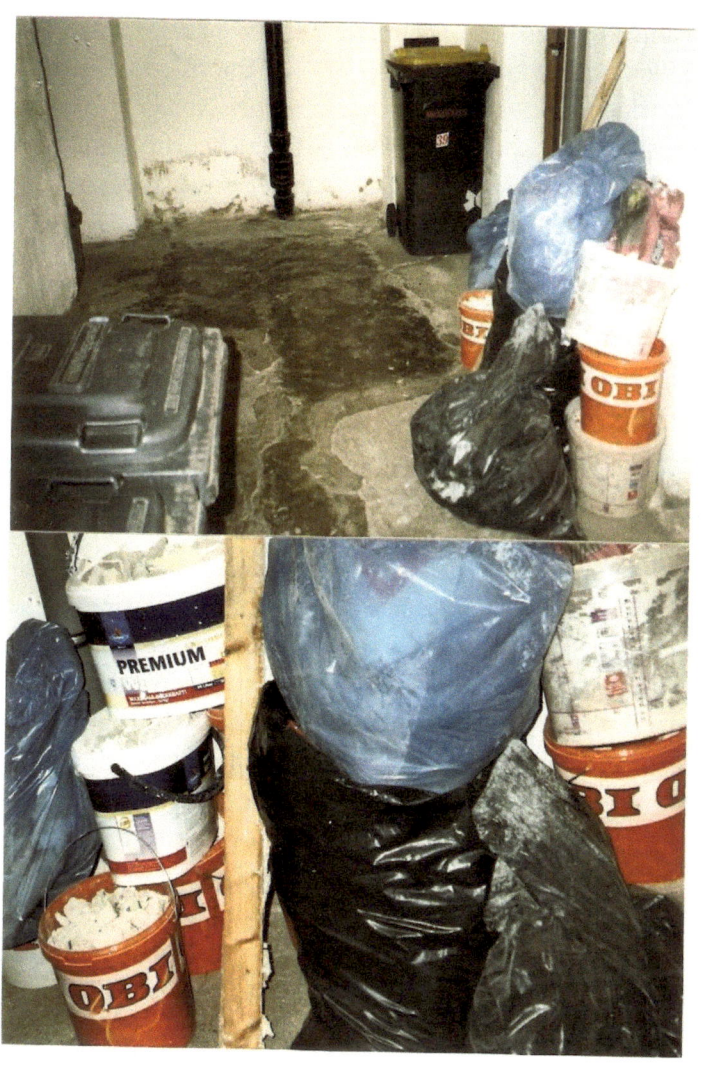

6. Nach einer bisher fruchtlosen Korrespondenz reichte Herr Rechtsanwalt Hundertmarck, für uns als autorisierter Vertreter, bei Gericht sein Anliegen samt Begründungen ein.

Diesbezüglich wurde vonseiten des Gerichts ein Durcheinander verzeichnet. Denn erstaunlicherweise hat man sich zunächst an das Gericht in V. gewandt, und erst danach an das Gericht in W.

Als Bestätigung dafür ist das Schreiben des Herrn Rechtsanwalt Hundertmarck - an das Gericht adressiert - vom 01.12.2011 in Kopie beigefügt.

Sehr geehrte Damen und Herren, wir beide als Ehepaar, damals als betroffene Mieter der erwähnten Wohnung, und als Eltern unseres betroffenen Sohnes, haben die unzumutbare Wohnsituation noch frisch in unserer Erinnerung, sogar nicht nur wir.

Es war nicht nur unschön, ansehen zu müssen, wie die Sporen der aggressiven Schimmelsorte unsere damalige Wohnung vollkommen befallen hatten, sondern auch unsere Gesundheit war hierdurch erheblich beeinträchtigt. Selbst durch die minimalen Fugen zwischen den Brettern des Laminatbodens drang der Schimmel durch und alles drumherum wurde innerhalb eines kurzen Zeitintervalls irreparabel infiziert. Der Zustand war beängstigend.

Dem Schimmel war es gelungen, den gesamten Laminatboden nach oben zu drücken, sodass, wenn man darauf lief, die Wölbung, die durch den Schimmel verursacht wurde, wegen des Körpergewichts nach unten gedrückt und daraufhin eine Art permanentes Hohlraumgeräusch ausgelöst wurde. Ein derartiges Furchteinflößendes Phänomen hatten wir noch nie zuvor erlebt.

Beweise:
Das Zeugnis der Frau Venesia Time und Lichtbilder - unter B VI geordnet - sind als Bestätigung dafür beigefügt.

Ab dem 06.08.2011, nachdem Herr Dr. Tröger befohlen hatte, mit mir zusammen im Wohnzimmer eine kleine Ecke des betroffenen Laminatbodens zu entfernen, um das Ausmaß des Schimmelbefalles begutachten zu können, haben wir, als junge Familie, das Wohnzimmer nicht mehr benutzt. Anschließend wurden wir dazu gezwungen, mit dem, was wir nun hatten, klarzukommen, sodass wir den ehemaligen kleinen Flur zum Wohnzimmer umdisponieren mussten. Die Lichtbilder sprechen eine ausreichend explizite Sprache über unseren erlebten Höllentrip.

Die Lichtbilder - geordnet unter B IX - sind als Beweis dafür beigefügt.

Um wenigstens etwas frische Luft schnappen zu dürfen, mussten wir nahezu den gesamten Tag irgendwo auf den umliegenden Spielplätzen verbringen, und wenn wir in unsere Wohnung zurückkehrten, waren wir mit der bitteren Realität konfrontiert und wohnten im Flur. Aufgrund des Schimmels herrschte eine durchschnittliche Luftfeuchtigkeit von ca. 80 Prozent.

Beweise:
Wir weisen höflich auf die beigefügten - unter B IX geordneten - Bilder hin, weiterhin sind beigefügt:
das Zeugnis der Frau Venesia Time, als betroffene Mutter,
das Zeugnis der Frau Helmute Reichsmann (als Hebamme unseres Sohnes), Heinrich-Heine-Straße 13 a, 42113 W.,
das Zeugnis der Frau Linda Boot, Königstraße 34, 42329 W.,

das Zeugnis unserer ehemaligen Nachbarin, Frau Loren Schmidt (ihre derzeitige Anschrift ist uns nicht bekannt),
das Zeugnis des ehemaligen Nachbarn von uns, Herrn Thomas Elend (seine derzeitige Anschrift nicht bekannt), und
das Zeugnis des Herrn Adonis Time, Schulstraße 37, 42119 W.

Herr Dr. Tröger rührte sich kaum. Nicht nur, dass er den Schimmelbefall leugnete, parallel dazu trieb er die Modernisierungsmaßnahmen in der damaligen Nachbarwohnung von uns, die zuvor von Herrn Dr. Reimund Bibliothekar bewohnt worden war, intensiv voran. Dementsprechend hämmerte und bohrte unser ehemaliger Vermieter, zusammen mit seinen „engagierten Emissären", absichtlich bis 22:30 Uhr und wir als junge Familie wurden dadurch schutzlos der Angst ausgeliefert.

So wurden wir regelrecht tyrannisiert. Als ob unser Kind nicht schon genug belastet wäre, musste es zusätzlich den lauten Schlagbohrhammer aus der hellhörigen Nachbarwohnung - praktisch aus nächster Nähe - bis weit nach 22:00 Uhr hinaus mit anhören. Der damalige Vermieter wollte uns damit absichtlich rausekeln und noch dazu, sporadisch und in Form eines Triumpfes, zitierte er laut seinen berühmten Satz: „Ich bin hier das Gesetz, und sonst keiner!" Dieses Satzes waren wir mittlerweile so überdrüssig geworden - mein Gott.

Beweise:
Das Zeugnis der Frau Time, wie vorzuladen,
das Zeugnis der Frau Helmute Reichsmann, wie vorzuladen,
das Zeugnis der Frau Linda Boot, wie vorzuladen, und
Zeugnis des Herrn Adonis Time, wie vorzuladen.

72

74

Herr Dr. Tröger hatte nun die Stufe erreicht, sein wahres Gesicht zu zeigen. Wir mussten mittlerweile zur Kenntnis nehmen, dass er die Ganovensprache spricht. Er - ein ewiger Junggeselle - wollte zugleich unbedingt mit einem Hauch von Bildung in Verbindung bleiben. Unser ehemaliger Vermieter war nie im Leben mit dem Phänomen konfrontiert gewesen, was es bedeutet, einmal einen leeren Magen zu haben oder ein Kind zu erziehen - überhaupt wie viel Verantwortung und Bereitschaft ein Mensch dafür aufbringen muss.

Als junge Familie, mit einem solchen Albtraum konfrontiert, blieb uns nur eins übrig: Unsere Erfahrungen offenzulegen und die juristischen Gegenmaßnahmen einzuleiten. Darum engagierten wir einen Rechtsanwalt. Zwischenzeitlich waren wir bereits bemüht, schnellstens eine andere Wohnung für uns zu finden. Letztendlich war es uns in der letzten Augustwoche 2011 gelungen, aus der ehemaligen Wohnung herauszukommen.

7. Als Eigentümer mehrerer Häuser schaffte es Herr Dr. Tröger sogar, eine Zeit lang auch Vorsitzender von „Haus + Grund" in W… zu werden.

Währenddessen soll eine Symbiose der Schwerfälligkeiten in dem erwähnten Verein geherrscht haben. Ich habe die Ausschnitte der „W. Zeitung" aus dem Jahr 2010 und von Anfang 2011 jedoch nicht mehr in meinem Besitz. Jedenfalls sollen die zuständigen Protagonisten von „Haus + Grund" aus W… die angestrebte Dominanz des Herrn Dr. Tröger innerhalb kurzer Zeit abgelehnt haben. Selbst die Zeitung hatte über die dadurch ausgelösten Zwistigkeiten berichtet. Dies bestätigte uns der ehemalige Vermieter auch persönlich, als er sich über den erwähnten Sachstand äußerte, während er bei uns zu Besuch war.

Dennoch hat dieses „kurze Karriereintermezzo" laut Herrn Dr. Tröger - dem Vorsitzenden von „Haus + Grund" - zu seinem Gunsten dazu beigetragen, wichtige Kontakte, auch zu den eminenten Personen aus W... und Umgebung, anzuknüpfen.

Diesbezüglich bezweifelten wir als Ehepaar und als betroffene Eltern letztendlich sehr, dass Herr Dr. Tröger nicht auch über die Möglichkeit verfügen würde, einen Rechtsanwalt seines Kalibers zu engagieren, der durch stures und nahezu waghalsiges Verhalten versuchen würde - unabhängig von etwaigen Erfolgsaussichten -, alles andere abzuschotten und nichtig zu machen, nur um die Wünsche seines Mandanten zu befriedigen. Die Mittel dazu sind dem ehemaligen Vermieter einfach gegeben.

8. Wie vermutet engagierte Herr Dr. Tröger einen Rechtsanwalt.

Uns fällt es sehr schwer, die Korrespondenz mit dem Rechtsanwalt unseres damaligen Vermieters aufzublättern und zu analysieren. Die Briefe des Herrn Rechtsanwalt Ochsenmisst sind sehr beleidigend formuliert. Dennoch wollen wir uns auf solche unzivilisierten Methoden, die die gegnerische Seite anscheinend bevorzugt, nicht einlassen, weil diese Vorgehensweise weit unter unserem Niveau liegt.

Jedoch bitten wir Sie, als Pantheon der deutschen Justiz, höflich darum, die Formulierungen des Herrn Ochsenmisst zu untersuchen, inwieweit üble Nachreden, Verleugnungen und desgleichen zu erkennen sind. Das weitere Vorgehen gegenüber dem erwähnten Herrn Rechtsanwalt überlassen wir Ihnen, den erfahrenen Juristen.

Das Schreiben des Herrn Ochsenmisst vom 18.01.2012 ist in Kopie beigefügt. Es folgen unsere Analyse und anschließend die Synthese:

Das obige Schreiben fängt mit „Die Klage ist schon unschlüssig" an. Der Satz ist recht merkwürdig und löst bei allen intellektuellen Menschen, die an Recht und Gerechtigkeit glauben, Bedenken aus.

Herr Ochsenmisst schreibt unter anderem, dass wir im September aus der Wohnung ausgezogen seien, wobei er das Jahr nicht angibt. Gehen wir mal davon aus, dass er damit das Jahr 2011 meinte. Weiterhin schreibt er, dass wir im Frühjahr - hier stellt sich erneut die Frage, welches Jahr gemeint ist -, seinen Mandanten, Herrn Dr. Tröger, über den Schimmelbefall in Kenntnis gesetzt haben. Er meint außerdem, dass der verschimmelte Kinderwagen nichts in der Wohnung zu suchen gehabt hätte.

Hierzu einige sachliche und logische Anmerkungen:

Der gegnerische Rechtsanwalt bestätigt selbst, dass Herr Dr. Tröger während der gesamten Zeit des bestehenden Mietverhältnisses Kenntnis von dem massiven Schimmelbefall hatte. Richtig ist - wie bereits erwähnt -, dass wir am 26.08.2011 aus der ehemaligen Wohnung komplett ausgezogen sind und am 29.08.2011 die damalige Anschrift beim Einwohnermeldeamt W... abgemeldet haben. Ab dem 06.08.2011 hatten wir in der ehemaligen Wohnung nur den Flur zum Wohnen zur Verfügung gehabt. Außerdem war das Treppenhaus so eng konzipiert, dass für einen Kinderwagen kein Abstellplatz vorgesehen war, auch nicht hinter der Hauseingangstür oder im Keller. Obendrein hat der damalige

Vermieter alle Kellereingänge, teilweise sogar den Flur, mit seinen vollen Müllsäcken und Bauschutteimern blockiert.

Beweise:
Beigefügt sind dazu Lichtbilder - unter B IX geordnet -,
das Zeugnis der Frau Venesia Time, wie vorzuladen,
das Zeugnis der Frau Linda Boot, wie vorzuladen, und
das Zeugnis des Herrn Adonis Time, wie vorzuladen.

Dennoch verleugnet Herr Ochsenmisst mit demselben Schreiben den massiven Schimmelbefall. Beharrlich fügt er seinem Vortrag hinzu, dass es in unserer ehemaligen Wohnung keinen Schimmel gegeben habe. Er wird sogar noch eine Stufe drastischer, indem er weiterhin schreibt, dass wir, genau wie Herr Rechtsanwalt Hundertmarck, den Schimmel herbeifabulieren würden. Märchenhaft, oder?

Fakt ist, dass der Schimmelbefall und die Feuchtigkeit im Keller des Hauses Ronstraße 39, 42119 W., nicht nur intensiv zu riechen, sondern die Räumlichkeiten des erwähnten Kellers offensichtlich sehr nass gewesen waren.

Beweise:
Fotografien - unter B X geordnet - sind beigefügt, weiterhin
das Zeugnis der Frau Venesia Time, wie vorzuladen,
das Zeugnis der Frau Linda Boot, wie vorzuladen,
das Zeugnis des Herrn Hup Boot, wie vorzuladen, und
das Zeugnis des Herrn Adonis Time, wie vorzuladen.

Herr Ochsenmisst bestätigt mit demselben Schreiben, dass Herr Dr. Tröger genau darüber Bescheid wusste, welche Gegenstände sich in unserer ehemaligen Wohnung befunden haben. Dennoch schreibt er, dass sein Mandant überhaupt nur am 06.08.2011 in die bereits erwähnte Wohnung von uns eingelassen worden wäre. Und was ist mit dem 08.08.2011? Herr Dr. Tröger bestätigt doch selbst, dass er sich am 08.08.2011 mutwillig den Zugang zu unserer Wohnung verschafft habe, als wir nicht anwesend waren. Stellt sich hier die Frage: Verleugnet Herr Rechtsanwalt Ochsenmisst dies absichtlich?

Woher hätte Herr Dr. Tröger dann unsere damaligen Sachen nach seiner kurzen Begutachtung der Wohnungssituation am

06.08.2011 so gut gekannt und in seiner Erinnerung behalten haben wollen, während zu diesem Zeitpunkt das Wohnzimmer bereits leergeräumt war und die Gegenstände von dort wegen der irreparablen Zerstörung durch den Schimmelbefall längst entsorgt waren? Hinzu kommt, dass Herr Dr. Tröger am 06.08.2011 zusammen mit A. Time eine Ecke des besonders betroffenen Laminatbodens im Wohnzimmer entfernt hatte.

Wir waren nicht die einzige Mietpartei des damaligen Hauses, die von der Feuchtigkeit und dem Schimmelbefall betroffen war, denn auch die anderen Mietparteien des Hauses waren damit konfrontiert. Frau Loren Schmidt ist wegen des Schimmelbefalls aus dem Haus ausgezogen, fast zeitgleich mit uns. Herr Thomas Elend hatte Herrn Dr. Tröger einige Male auf die Feuchtigkeitsschäden in seiner Wohnung hingewiesen.

Fakt ist, dass unsere damalige Wohnung unter dem massiven Schimmelbefall gelitten hat. Die Feuchtigkeitsschäden des Mauerwerkes waren überall deutlich zu sehen. Das deutet darauf hin, dass die Bausubstanz bereits angegriffen war.

Beweise:
Auf die beigefügten Fotografien - geordnet unter B II, B III, B IV, B V, B VI, B VII, B VIII - wird hingewiesen, angefügt sind weiterhin
das Zeugnis der Frau Venesia Time, wie vorzuladen,
das Zeugnis der Frau Linda Boot, wie vorzuladen,
das Zeugnis des Herrn Adonis Time, wie vorzuladen,
das Zeugnis des Herrn Hup Boot, wie vorzuladen,
das Zeugnis des Herrn Shpat Boot, wie vorzuladen, und
das Zeugnis des Herrn Si Mund, wie vorzuladen.

Herr Ochsenmisst verlangt mit demselben Schreiben sogar die Miete für September 2011 von uns. Da stellt sich nur die Frage: Wieso? Im August 2011 haben wir viel häufiger auf dem Spielplatz gewohnt als in unserer Wohnung, zumal wir dort nur den Flur zum Wohnen zur Verfügung hatten. Außerdem war sie zum 26.08.2011 komplett leergeräumt.

Beweise:
Lichtbilder - unter B IX und B XII geordnet - sind beigefügt, ferner
das Zeugnis der Frau Time, wie vorzuladen, und
das Zeugnis des Herrn Si Mund, wie vorzuladen.

Weiterhin wird vorgetragen, dass eine Nachzahlung für die Nebenkostenabrechnung für das Jahr 2010 in Höhe von 278,58 Euro geschuldet wird. Herr Dr. Tröger kann nicht im Ernst erwarten, dass er irgendwelche weiteren Kosten, die zustande kamen, während er in den Nachbarwohnungen Modernisierungsmaßnahmen durchführte, die ausschließlich in seinem eigenen Interesse lagen, auf uns umlegen kann. Er möchte uns diesbezüglich eine fehlerfreie Nebenkostenabrechnung erstellen, woraus unser exakter Wasserverbrauch von damals, der durch unseren separaten Wasserzähler berechnet wurde, zu erkennen ist. Eine Nebenkostenabrechnung, die auch ein durchschnittlicher Karlsruher Bürger zu verstehen schafft.

Auch die sogenannten Zeugen, Herr Maniok Doleslawa und Herr Wurstherr Bretzel, auf die sich Herr Ochsenmisst in seinem Schreiben beruft, möchten uns bitte vor einem unparteiischen Richter bestätigen, dass sie uns dabei gesehen haben, während wir das Kabel der Deckenlampe gekappt hätten, genau wie die Antennenleitung an der Hauswand und den Antennenanschluss im Wohnzimmer. Diese „Zeugen" wollen uns ebenfalls dabei gesehen haben, wie wir den Entlüftungsschacht komplett abgedichtet hätten. Diese Behauptungen sind absurd und wir weisen sie auf das Schärfste zurück, da sie schlichtweg erfunden wurden.

Beweise:
Lichtbilder - unter B XII geordnet - sind beigefügt, weiterhin
das Zeugnis der Frau Venesia Time, wie vorzuladen, und
das Zeugnis des Herrn Si Mund, wie vorzuladen.

Weiterhin schreibt Herr Ochsenmisst folgenden Satz: „Der Kläger hat behauptet, der Beklagte sei mit der Entfernung eines Teils des Laminatbodens im Wohnzimmer einverstanden, was - mit Verlaub - Unsinn ist." Das ist ein Schlag ins Gesicht, hohes Gericht, sehr geehrte Damen und Herren.

Tatsächlich hat Herr Dr. Tröger die Entfernung der bereits erwähnten Ecke des Laminatbodens höchstpersönlich befohlen. Er war doch vor Ort dabei und hat bei der Entfernung mit angepackt.

Beweise: Wie vorher.

Auch die Quadratur, die vom gegnerischen Rechtsanwalt angegeben wird, übertrifft jegliche Realität. Es war lediglich eine kleine Ecke, die Herr Dr. Tröger vor Ort gezeigt hatte und die entsprechend mit Adonis Time zusammen entfernt wurde.

Beweise: Wie vorher.
Dies ist ebenso auf den beigefügten Fotografien gut zu erkennen.

Des Weiteren spekuliert Herr Ochsenmisst in seinem obigen Schreiben über das Alter des Laminatbodens in der damaligen Wohnung. Diesbezüglich peilt er fünf Jahre an. Der Boden war bei meinem Einzug im Frühjahr 2009 jedoch bereits über sechs Jahre alt und wurde - laut der Auskunft der beiden - von Herrn Doleslawa und Herrn Dr. Tröger gemeinsam verlegt. Außerdem war der Boden von den Schimmelsporen kontaminiert. Der Wasserschaden vor meinem Einzug kommt noch hinzu. Begreiflicherweise war dieser Boden insofern weitgehend wertlos.

Beweise:
Das sachverständige Zeugnis des Herrn Dr. Konstanz (Facharzt für Mikrobiologie) vom 07.11.2011 ist beigefügt, weiterhin das Zeugnis der Frau Venesia Time, wie vorzuladen, und Lichtbilder - unter B VI geordnet.

Sachverständigenbüro Dr. J. Konstanz

Dr. Jörg Konstanz, Dipl.-Biologe

Schadstoffe in Innenräumen, biologische Arbeitsstoffe, Industriehygiene

Mendelstraße   48149

Auftraggeber:	Herr	Laminatboden		Probeneingang:	25.10.11
Auftragsdatum: 24.10.11		Prüfbeginn:	26.10.11	Berichts-Datum:	07.11.11
Auftrags-Nr.:		Prüfende:	07.11.11	Berichts-Nr.:	Be

Prüfbericht

Die Ergebnisse beziehen sich ausschließlich auf die untersuchten Prüfgegenstände.

Probenahme: Die Probenahme erfolgte durch den Auftraggeber.

Probenbeschreibung: Oberflächentests, contact slides 25 cm²

Gesamtkeimzahl kultivierbarer Pilze auf Oberflächen

Pos.	Labor-Nr.	Bezeichnung	Nährboden	KBE/Test 25 cm²
1	7314-0814-111028	Laminat	DG18 rechts	>> 50
			MEA links	24
			Probe mit Abdruckbereich der Oberflächentests DG18 und Malzextrakt-Agar	

KBE (Kolonie bildende Einheiten)

Sachverständigenbüro Dr. J. Konstanz

Dr. Jörg Konstanz, Dipl.-Biologe

Schadstoffe in Innenräumen, biologische Arbeitsstoffe, Industriehygiene

Mendelstraße 48149

Auftraggeber:	Herr	Laminatboden		Probeneingang:	26.10.11
Auftragsdatum:	26.10.11		Prüfbeginn:	26.10.11	Berichts-Datum:	07.11.11
Auftrags-Nr.:			Prüfende	07.11.11	Berichts-Nr.:	

Bewertungen:

VDI 6022 Blatt 2, Tabelle 3: Erfahrungswerte und Maßnahmen bei Oberflächenmessungen *) Summe der Platten (Bakterien + Pilze/Hefen)		
Ergebnis *), in KBE/25 cm²	Bewertung und Maßnahmen	
1	< 25	Der hygienisch-mikrobiologische Zustand der untersuchten Flächen ist als gut oder sehr gut zu bewerten. Kein Handeln erforderlich.
2	25 bis 100	Der hygienisch-mikrobiologische Zustand der untersuchten Flächen ist als grenzwertig einzuschätzen. Ursache suchen, beseitigen. Diese Elemente sollen gründlich gereinigt oder demnächst ausgewechselt werden. In Wartungsplan aufnehmen.
3	> 100	Der hygienisch-mikrobiologische Zustand der untersuchten Flächen ist als unzureichend zu bewerten. Ursache suchen, beseitigen. Diese Elemente sollen dringend gründlich gereinigt oder ausgetauscht werden. Sofortiges Handeln erforderlich.

Die Unterseite des Laminatbodens ist deutlich mit Schimmelpilzen belastet. Dominierende Gattung ist Eurotium sp.. Dieser Pilz wird von uns bei Feuchteschäden häufiger auf z.B. Rückseiten von Hartfaserplatten (Schrankrückwand) isoliert. Bei Oberflächenbelastungen der vorliegenden Art sind vorhergehende Feuchteschäden sehr wahrscheinlich. Der Pilz, er gehört zur Aspergillus-glaucus-Gruppe, produziert erhebliche Sporenmengen, so dass umliegende Bereiche leicht kontaminiert werden können. Hintergrundbelastungen sind i.d. Regel deutlich niedriger (Erfahrungswerte des Labors).

Beurteilung und gesundheitliche Bewertung der nachgewiesenen Schimmelpilzarten

Die Schimmelpilzarten, die in den analysierten Proben nachgewiesen wurden, werden im folgenden nach ihren möglichen Auswirkungen auf die Gesundheit eingeordnet.

Die auf Abklatschproben nachgewiesenen Schimmelpilzarten sind hier aufgeführt, wenn sie in so auffälligen Dichten nachgewiesen wurden, dass eine normale Hintergrundbelastung unwahrscheinlich ist.

Bei Schimmelpilzen wird im allgemeinen zwischen vier möglichen Auswirkungen auf die Gesundheit unterschieden:

Schimmelpilze können

A: bei sensibilisierten Patienten Allergien hervorrufen (Belastung des Immunsystems und der Atemwege)

B: unter bestimmten Umständen Mykotoxine (Pilzgifte) bilden

Sachverständigenbüro Dr. J. Konstanz

Dr. Jörg Konstanz, Dipl.-Biologe

Schadstoffe in Innenräumen, biologische Arbeitsstoffe, industriehygiene

Mendelstraße   48149

Auftraggeber:	Herr	Laminatboden		Probeneingang:	26.10.11
Auftragsdatum:	24.10.11		Prüfbeginn:	26.10.11	Berichts-Datum:	07.11.11
Auftrags-Nr.:			Prüfende:	07.11.11	Berichts-Nr.:	

C: unter Umständen eine exogen allergische Alveolitis (Entzündung der Lungenbläschen) hervorrufen. Bei gesunden Menschen wird diese Erkrankung nur durch sehr hohe Pilzkonzentrationen induziert, bei vorgeschädigten Personen können geringere Konzentrationen diese Schimmelpilzart wirksam werden.

D: bei Personen mit gehemmtem oder geschädigtem Immunsystem (z.B. immunsupprimierte Patienten nach Organtransplantationen oder HIV-Patienten) Infektionen hervorrufen.

Schimmelpilz	mögliche Wirkung				Gruppierung [1]
	A	B	C	D	
Eurotium sp. (anamorph Aspergillus glaucus-Gruppe)	+ einige Arten		+ einige Arten	+ einige Arten	1

[1] Gruppierung 1: Häufig in Innenräumen wachsende Schimmelpilze, die aber nicht als Indikatoren für Feuchteschäden (siehe Gruppierung 2) zu werten sind. Die Schimmelpilzarten dieser Gruppierung sind im abgestimmten Arbeitsergebnis „Schimmelpilze in Innenräumen – Nachweis, Bewertung, Qualitätsmanagement" des Arbeitskreises „Qualitätssicherung – Schimmelpilze im Innenraum" am Landesgesundheitsamt Baden-Württemberg im Kapitel externe Qualitätssicherung – Ringversuche aufgeführt.

Gruppierung 2: In Staub- und Luftproben von Innenräumen häufig vorkommende Schimmelpilze, die als Indikatoren für Feuchteschäden zu werten sind:

Definition von Indikatororganismus: Schimmelpilzspezies, die häufig bei Feuchteschäden auf im Innenräumen verbauten Materialien oder Möbeln wachsen und in der Luft von schimmelpilzbelasteten Innenräumen auftreten. Nicht zu dieser Gruppe werden die Schimmelpilzspezies gezählt, die zwar bei Feuchteschäden im Innenraum wachsen, aber in der Außenluft ebenfalls häufig in hohen Konzentrationen auftreten, wie z.B. Cladosporium sp. Weiterhin sind Schimmelpilze ausgeschlossen, deren Quelle nicht mit Feuchteschäden in Zusammenhang gebracht werden können. Deren Quellen stellen z.B. Blumtöff, Topfpflanzen oder verdorbene Lebensmittel dar.

Die Liste dieser Schimmelpilze ist im abgestimmten Arbeitsergebnis „Schimmelpilze in Innenräumen – Nachweis, Bewertung, Qualitätsmanagement" des Arbeitskreises „Qualitätssicherung – Schimmelpilze im Innenraum" am Landesgesundheitsamt Baden-Württemberg im Kapitel „Indikatororganismen aus baulicher Sicht. Pilze mit hoher Indikation für Feuchteschäden" aufgeführt.

Gruppierung 3: Gesundheitlich besonders bedenkliche Schimmelpilzspezies. Eine Quelle dieser Spezies darf im Innenraum nicht vorhanden sein; ein sofortiger Handlungsbedarf ist gefordert.

[*] Sowohl Aspergillus- als auch Penicillium-Arten können je nach Nutzung des Raumes bei dichtem Befall von größeren Flächen hohe Sporenkonzentrationen in der Raumluft verursachen, da die Sporen dieser Arten sehr leicht in die Luft abgegeben werden.

Prüfparameter	Prüfmethoden
Bestimmung von Schimmelpilzen und Bakterien in Abklatschproben	VDI 4300 Blatt 10

Münster, 07.11.11

Dr. Jörg Konstanz

Außerdem möchte Herr Ochsenmisst für irgendwelche erfundenen Räder einen Schadensersatz in Höhe von 280,00 Euro geltend machen. Diesbezüglich wird höflich auf unseren expliziten Vortrag - unter **Punkt 5** - erinnert.

In seinem Schreiben führt Herr Ochsenmisst weiterhin an: „Die Wohnung ist zwischenzeitlich seit dem 01.11.2011 weitervermietet. Es gibt keine Probleme mit Feuchtigkeit und/oder Schimmel."

Hier stellt sich die Frage: War Herr Ochsenmisst denn dabei? Hat er das selbst gesehen?

Fakt ist, dass im November 2011 ein Namenschild von außen an der Türklingel angebracht worden war. Dorthin, wo ursprünglich mal unser Name gestanden hatte. Fakt ist aber auch, dass dieselbe Gardine, die ich mindestens seit Spätherbst 2008 kannte, in der Wohnung am Fenster zur Straße hin hing. Diese Gardine kannte mittlerweile auch meine Ehefrau. Das heißt, in der Wohnung, aus der wir ausgezogen waren, hing die Gardine des Herrn Dr. Tröger.

Fakt ist darüber hinaus, dass exakt am Samstag, den 12.07.2014 - nun nach fast drei Jahren - noch immer dieselbe Gardine am Fenster hing. Dahingegen war der Name an der Türklingel plötzlich nicht mehr da. Das ist doch skurril. Wir verfolgten das ziemlich genau. Weiterhin war am 12.07.2014 festzustellen, dass derzeit im Haus der Ronstraße 39, 42119 W., nur Familie Bretzel und der Student wohnten, der die damalige Wohnung von Herrn Dr. Reimund Bibliothekar übernommen hatte. Der Student ist öfter unterwegs als zu Hause. Den anderen, den angeblichen „Nachmieter" von uns, sah man jedoch nie. Wir wollen nicht spekulieren, jedoch möchten wir als Betroffene eine vorsichtige Frage stellen: Könnte unser angeblicher Nachmieter möglicherweise eine erneute Erfindung des Herrn Dr. Tröger

91

sein, damit er auf unsere Kosten sein Eigenkapital herausschlagen kann? Unseres Erachtens dürfte das durch das Einwohnermeldeamt jederzeit festzustellen sein. Wir denken, dass es letztendlich an der Zeit sein müsste, dem Verantwortlichen Manieren beizubringen. Es darf nicht nur passiv dabei zugeschaut werden, wie der eine dem anderen absichtlich und gezielt Schaden zufügt, zumal die immer zur Verfügung gestellten „Möchtegern-Zeugenaussagen" des Herrn Maniok Doleslawa den Herrn Dr. Tröger mit neuem, kontraproduktivem Elan aufputschen. Dennoch, das überlassen wir respektvoll Ihnen, hohes Gericht, als Gesetzesinstanz der Republik.

Bezüglich des Gutachtens von Herrn Dr. Konstanz vom 07.11.2011 antwortet Herr Ochsenmisst in seinem Schreiben vom 18.01.2012 mit folgendem extravaganten Satz: „Was nun die von der Firma UCL geprüften Laminatproben angeht, so sind die Prüfungsaussagen aus meiner Sicht völlig nichtssagend. Einmal wird bestritten, dass es sich um Laminat aus der Wohnung des Beklagten gehandelt hat."

Während wir als junge Familie, insbesondere unser Säugling, in der damaligen Wohnung mit einem hochgradig gefährlichen Schimmelpilz, der zur Gruppe Aspergillus glaucus gehört, leben mussten und demzufolge entsprechende Gesundheitsschäden nachhaltig zu tragen haben, hat Herr Ochsenmisst nur das als Argument übrig? Und das als Jurist? Zweifelt er wirklich an einem Fachmann, an einem Mikrobiologen?

Dennoch und zum Glück wollen wir sachlich bleiben. Selbstverständlich handelt es sich dabei um das Laminat des Wohnzimmerbodens aus der ehemaligen Wohnung in der Ronstraße 39, 42119 W.

Beweise:

Das Zeugnis der Frau Venesia Time, wie vorzuladen,
das Zeugnis der Frau Linda Boot, wie vorzuladen,
das Zeugnis des Herrn Adonis Time, wie vorzuladen,
das Sachverständigengutachten des Herrn Dr. M. Konstanz, Werdeststraße 11, 4... M. vom 07.11.2011 als Farbkopie, sowie Fotografien des Laminates, aus der erwähnten Wohnung - um die es hier geht -, unter B VI geordnet, zum Vergleichen, sind beigefügt.

Selbst die Summe in Höhe von 1.513,58 Euro, die Herr Ochsenmisst in seinem Schreiben bekannt gibt, ist absurd, weil sie auf Pauschalfakten basiert. Zuletzt meint der gegnerische Anwalt im selben Schreiben:

„Mit diesen Ansprüchen erklärt der Beklagte zunächst die Aufrechnung gegenüber der geleisteten Kaution in Höhe von 600,00 Euro und sodann hilfsweise die mit der Klageschrift geltend gemachten Ansprüche."

Diesbezüglich erlauben wir uns, Sie höflich an die Seiten 5 und 6 zum Vorwort zu erinnern. Wie bereits vorgetragen, wollte Herr Dr. Tröger beharrlich die 600,00 Euro als Kaution haben. Zumal meines Erachtens weder der Anlass noch die Rechtslage dafür gegeben war, um den Betrag in Form einer Kaution zu verlangen.

Gründe: Wie bereits vorgetragen.

Es sei denn, dass Herr Rechtsanwalt Ochsenmisst mit dem Schlusssatz seines Schreibens in Form von einer „unverhältnismäßigen Parallele" gezielt versucht, mein Prestige und meine Persönlichkeit zu etikettieren. Das ist doch absurd.

9. Daraufhin folgte der Schriftsatz des Herrn Rechtsanwalt Hundertmarck vom 15.02.2012.

Der Schriftsatz vom 15.02.2012 ist in Kopie beigefügt.

Hierin ist Herr Hundertmarck nach seinem besten Wissen bemüht, dem Amtsgericht W. das Ausmaß des Schimmelbefalls in unserer damaligen Wohnung zu vermitteln. Hier fügt er auch die Gruppenzugehörigkeit des äußerst gesundheitsschädlichen Schimmelpilzes als lateinischen Fachbegriff hinzu. An der eindeutigen Rechtslage orientiert, erwähnt Herr Rechtsanwalt Hundertmarck sachgemäß auch die Zeugen. Er teilt dem Gericht mit, dass sowohl unser Sohn als Säugling als auch wir als junge Familie in der damaligen Wohnung, die von den giftigen Schimmelpilzen sowie von Chlor- und Ammoniakoxidationen kontaminiert war, der Gefahr permanent und schutzlos ausgesetzt waren.

10. Es folgte eine sogenannte mündliche Verhandlung, die am 20.01.2012 beim Amtsgericht W. stattgefunden haben soll. Wir waren allerdings nicht vorgeladen, geschweige denn die von unserem Rechtsanwalt mehrfach bekannt gegebenen Zeugen.

Anschließend folgte diesbezüglich das Urteil des Amtsgerichts W. vom 02.03.2012.

Das Urteil vom 02.03.2012 des Amtsgerichts W. ist in Kopie beigefügt.

Bitte haben Sie Verständnis dafür, dass uns bei der Analyse des obigen Urteils einfach die Kraft und die Worte fehlen. Wir dachten zunächst einmal, dass dieses Urteil von einer Putzfrau gefällt worden sei, aber doch nicht von einem Richter.

Der Richter nutzt Begriffe wie „angeblicher Beschädigung" oder „behaupteten Schimmels" und betrachtet unsere Klage als unbegründet, weil sie ihm nicht ausreichend substantiiert dargelegt worden wäre. Er scheint, genau wie Herr Rechtsanwalt Ochsenmisst, die Fachbegriffe „kontaminiert" und „dekontaminiert" nicht verstehen zu können. Als Jurist, wohlbemerkt. Der Herr Richter geht hier noch eine Stufe tiefer in die Abstraktion und schreibt: „Warum die Benutzbarkeit von diesen durch den Schimmelpilz kontaminierten Gegenständen nicht mehr möglich ist? Und warum die irreparable Beschädigung von den diversen aufgelisteten Sachen nicht durch das Abwaschen und Auswaschen rückgängig gemacht werden kann?"

Er meint, dass jeder Vortrag dazu fehle, wo konkret in der Wohnung in welchem Umfang die Feuchtigkeit vorhanden gewesen sein soll. Das meint ein Richter, der für diese Rechtslage als „Mentor" angesehen wird und dafür „Spezialist" sein soll.

Daraus resultiert solch ein schwammiges, flapsiges und völlig unverhältnismäßiges Urteil, obwohl dem Gericht das Attest der Frau Dr. med. Laura Mensch-Frei vom 09.02.2012, das Sachverständigengutachten des Herrn Dr. Konstanz vom 07.11.2011 und Lichtbilder - von B I bis hin zum B XII geordnet - vorgelegen haben. Die längst bekannt gegeben Zeugen hat das Gericht offensichtlich ignoriert.

Verkündet am 02.03.2012

Justizbeschäftigte
als Urkundsbeamtin der Geschäftsstelle

Amtsgericht

IM NAMEN DES VOLKES

Urteil

In dem Rechtsstreit

des Herrn

Klägers,

Prozessbevollmächtigte:
Rechtsanwälte

g e g e n

Herrn Dr.

Beklagten,

Prozessbevollmächtigte:
Rechtsanwälte Dr.

hat das Amtsgericht
auf die mündliche Verhandlung vom 20.01.2012
durch den Richter
für Recht erkannt:

      Die Klage wird abgewiesen.
      Der Kläger trägt die Kosten des Rechtsstreits.
      Das Urteil ist vorläufig vollstreckbar.
      Dem Kläger bleibt nachgelassen, die Vollstreckung durch den Beklagten gegen
      Sicherheitsleistung in Höhe von 110 % des aufgrund des Urteils zu
      vollstreckenden Betrages abzuwenden, wenn nicht der Beklagte vor der

Vollstreckung Sicherheit in Höhe von 110 % des jeweils zu vollstreckenden Betrages leistet.

Tatbestand

Der Kläger macht mit der vorliegenden Klage Ansprüche gegen den Beklagten wegen angeblicher Beschädigungen diverser Gegenstände aufgrund behaupteten Schimmels in der Mietwohnung geltend.

Der Kläger war Mieter einer im Eigentum des Beklagten stehenden Wohnung in der **Ron Straße 39** in Wuppertal. Das Mietverhältnis ist zwischenzeitlich beendet worden.

Der Kläger behauptet, unter anderem sei der gesamte Fußboden des Wohnzimmers komplett verschimmelt gewesen. Gleiches gelte für den Boden des Flurs, der zum Wohnzimmer führe. Der Kläger habe Proben des Bodens an einen Sachverständigen übergeben, der zu dem Schluss gekommen sei, dass die Proben deutliche Schimmelspuren aufweisen würden. Wegen des Ergebnisses der Untersuchungen wird auf den Inhalt des Gutachtens (Blatt 29 ff. der Akte) verwiesen. Von dem Schimmel in der Wohnung habe der Beklagte Kenntnis gehabt, und zugesichert, dass er sich schnellstmöglich darum kümmern werde. Aufgrund der Schimmelbildung seien folgende Gegenstände irreparabel beschädigt worden:

Fernseher, Kinderbett, Wickelauflage, Dolphon, Kinderzimmermöbel, PC, Kommode, Stoffkommode, Ehebett, Kleiderschrank, Teppich, weitere Kommode, Babybekleidung, Babyschaukel, Hifi-Möbel, Gästetisch, Bücherschrank, Musikanlage, Fernseher, DVBT-Antenne, Drucker, Bilderrahmen, Kühlschrank.

Hieraus ergebe sich ein Gesamtschaden in Höhe von 4340,93 €. Der Fernseher sei aufgrund von Feuchtigkeit beschädigt worden.

Sämtliche Gegenstände seien von dem Pilz kontaminiert worden. Der Pilz sei hochgradig gefährlich, für Erwachsene und insbesondere für Babys bestehe Infektionsgefahr, wenn sie sich in die Nähe der Gegenstände begeben.

Der Kläger beantragt,

den Beklagten zu verurteilen, an ihn 4.340,93 € sowie 446,13 €, beide Beträge zuzüglich Zinsen hieraus in Höhe von fünf Prozentpunkten über dem Basiszinssatz ab Rechtshängigkeit zu zahlen.

Der Beklagte beantragt,

die Klage abzuweisen.

Entscheidungsgründe

Die Klage ist unbegründet.

Dem Kläger steht der geltend gemachte Schadensersatzanspruch unter keinem rechtlichen Gesichtspunkt zu. Der Kläger hat einen ersatzfähigen Schaden im Sinne des § 249 Abs. 1 BGB nicht dargelegt.

Trotz gerichtlichen Hinweises hat der Kläger nicht ansatzweise dargelegt, inwieweit die im Tatbestand bezeichneten Gegenstände irreparabel zerstört sind. Bei den vorgenannten Gegenständen handelt es sich überwiegend um Elektrogeräte und Möbel. Der Kläger hat weder substantiiert noch nachvollziehbar dargelegt, inwiefern diese Gegenstände dergestalt von dem angeblichen Schimmel befallen ("kontaminiert") sind, dass eine Benutzbarkeit nicht mehr möglich ist. Insbesondere ist nicht dargelegt, weshalb der – als zutreffend unterstellte – Schimmelbefall nicht beispielsweise abgewischt oder ausgewaschen werden kann.

Darüber hinaus ist nicht dargelegt, inwiefern der angebliche Schimmel vom Boden auf die Elektrogeräte gelangt sein sollen. Der Hinweis des Klägers auf Blatt 2 des von ihm vorgelegten Sachverständigengutachtens (Blatt 29 d. A.), wonach "...umliegende Bereiche leicht kontaminiert werden können(.)", ersetzt nicht den erforderlichen Vortrag zu konkret entstandenen Schäden. Soweit der Kläger die Beschädigung des Fernsehers auf Feuchtigkeit in der Wohnung zurückführt, fehlt hierzu ebenfalls jeder Vortrag dazu, wo konkret in der Wohnung in welchem Umfang Feuchtigkeit vorhanden gewesen sein soll.

Mangels Schadensersatzanspruch besteht auch kein Anspruch auf Ersatz der vorgerichtlichen Rechtsanwaltsgebühren.

Die prozessualen Nebenentscheidungen folgen aus §§ 91 Abs.1, 708 Nr. 11 Alt. 2, 711 S. 1 und 2 ZPO.

Streitwert: 4.340,93 €

11. Selbstverständlich wäre von der eindeutigen Rechtslage aus betrachtet selbst eine „Banane" nicht dazu bereit, das am 02.03.2012 verkündete, ungerechte Urteil des Amtsgerichts W. hinzunehmen, geschweige denn wir - die betroffene Partei - als menschliche Wesen, und erst recht nicht Herr Rechtsanwalt Hundertmarck.

Somit legte Herr Hundertmarck am 16.04.2012 Berufung beim Landgericht W. ein.

Das Berufungsschreiben des Herrn Rechtsanwalt Hundertmarck vom 16.04.2012 ist in Kopie beigefügt.

12. Als Reaktion folgte der Schriftsatz des Herrn Rechtsanwalt Ochsenmisst vom 10.08.2012.

Das Schreiben des Herrn Rechtsanwalt Ochsenmisst vom 10.08.2012 ist in Kopie beigefügt.

Der Anwalt wendet darin den Ausdruck „nebulös" an, um damit markant bleiben zu können. Vielleicht hat er eine unklare Sicht vor sich gehabt?

In seinem Schriftsatz vom 10.08.2012 akzeptiert Herr Ochsenmisst den massiven Schimmelbefall in unserer ehemaligen Wohnung schließlich doch. Dafür will er aber den Lüftungsschacht verantwortlich machen. Das ist völlig unzutreffend und absurd - das Volumen des Lüftungsschachtes hätte nicht die geringste Abzugskapazität geboten, denn zum einen befand sich dieser Schacht im Badezimmer und zum anderen war er viel zu eng, um die übermäßige Feuchtigkeit aus der Wohnung abfangen und nach außen weiterleiten zu können. Zumal der Ventilator, aus bereits erwähnten Gründen, zwar installiert, aber nie in Betrieb genommen worden war. Wie hätte das bitte funktionieren können?

Insofern möchten uns die vom Herrn Ochsenmisst genannten „Zeugen" demonstrieren, wie sie es geschafft haben sollen, den Kopf in den äußerst eng konstruierten Lüftungsschacht hineinzustecken, um feststellen zu können, ob dieser verschlossen oder offen ist? Zugleich möchten uns diejenigen bestätigen, wie und wann sie uns beim Verschließen des Lüftungsschachts mithilfe von Bauschaum gesehen haben wollen? Wir wüssten dazu gerne, mit welcher Technik man überhaupt solch ein enges Labyrinth zu verschließen schaffen würde.

Auch die Höhe der von uns geltend gemachten Ansprüche ist durchaus schlüssig dargelegt. Hier wurde sehr wohl neu für alt berücksichtigt und Herr Hundertmarck hat es entsprechend mehrmals vorgetragen.

13. Pflichtgemäß antwortet Herr Rechtsanwalt Hundertmarck mit einem Schriftsatz vom 20.09.2012. Ohne Resultat und vergeblich bemüht er sich, dem Gericht in W. ein wenig Vernunft beizubringen.

Der Schriftsatz des Herrn Rechtsanwalt Hundertmarck vom 20.09.2012 ist in Kopie beigefügt.

Dem Landgericht W. wurden jetzt die Kompetenzen anvertraut. Dem Gericht wurden das Attest der Frau Dr. med. Laura Mensch-Frei (Kinder- und Jugendärztin) vom 09.02.2012 und das Sachverständigengutachten des Herrn Dr. Konstanz vom 07.11.2011 vorgelegt. Weiterhin erhielt das Gericht nahezu alle Kaufbelege, die die Werte unserer irreparabel beschädigten Gegenstände widerspiegeln. Dem Gericht wurde die ausdrücklich gefährliche

Wohnsituation in der damaligen Wohnung von uns substantiiert vorgetragen, die tatsächlichen Zeugen hierzu wurden benannt. Das Gericht hatte diverse Fotografien und Unterlagen vorliegen, die gleichen, die Sie, sehr geehrte Damen und Herren, auch vorliegen haben.

14. Das Urteil des Landgerichts W. vom 21.03.2013 ist allerdings erst am 20.06.2013 bei uns eingetroffen.

Während unsere damalige Wohnung zum Seuchenherd geworden war, mussten wir, als äußerst besorgte Eltern, um die Gesundheit unseres Säuglings und um unsere eigene bangen. Wir mussten bekanntlich nicht nur die gefährlichen Schimmelsporen, sondern auch Chlor- und Ammoniakpräparate einatmen. Alles, was wir in der damaligen Wohnung hatten, wurde infiziert, und anschließend mussten wir all das auf unsere Kosten entsorgen.

Wir glaubten fest daran, dass wir es überleben werden. So fest glaubten wir auch an das Gericht und seine Kompetenz.

Leider hat das Landgericht, anstatt eine weisende und besonnene Entscheidung zu fällen, die von der eindeutigen Rechtslage hergeleitet ist, nur folgende arrogante, nichtzutreffende und äußerst merkwürdige Terminologien übrig: „Der Kläger begehrt vom Beklagten Schadensersatz wegen eines Schimmelbefalls, der sich derart auf seine Familie ausgewirkt haben soll."

Hier stellt sich die Frage: Was begehren wir bloß? Welche Perspektive von dieser umfangreichen und eindeutigen Rechtslage hat das Gericht dazu bewegt, überhaupt so etwas zu formulieren?

Des Weiteren fixiert sich das Gericht bezüglich der Unwahrheit über den Lüftungsschacht nicht nur, es lässt sich sogar darauf ein. Es ist merkwürdig und zynisch, wie das Gericht nicht nur den Lüftungsschacht im Badezimmer erwähnt, sondern auch einen in der Küche zu erfinden schafft. Das heißt, dass vom Landgericht W. plötzlich auch ein Lüftungsschacht in der Küche der damaligen Wohnung herbeigezaubert wurde. Fakt ist, dass nur der Lüftungsschacht im Badezimmer vorhanden war.

Des Weiteren waren bei Vertragsabschluss sehr wohl Mängel vorhanden, und der damalige Vermieter, Herr Dr. Tröger, war selbstverständlich in Verzug mit der Beseitigung der Mängel. Obendrein hat er die Mängel einfach ignoriert und aufgeschoben. Fakt ist, dass das Gericht zugunsten der gegnerischen Seite auf beiden Augen „Piratenblenden" getragen hat und die Sache weder mit System noch gerecht angehen wollte.

Selbstverständlich hatte der Beklagte, Herr Dr. Tröger, von Beginn an Kenntnis davon, dass seine Wohnung von einem Wasserschaden betroffen war, und dementsprechend ebenso vom massiven Schimmelbefall. Denn Herr Dr. Tröger hat bei uns von unseren Tellern Brot gegessen. Insofern frage ich mich: Wie kann und wie will er bloß davon nichts gewusst haben? Das gesamte Haus der Ronstraße 39 weist Feuchtigkeitsschäden auf. Bitte schauen Sie sich hierzu die beigefügten Fotografien an.

Des Weiteren erwähnt das Landgericht in dem Urteil ein Wohnzimmer, ein Kinderzimmer und ein Schlafzimmer. Es stellt sich die Frage: Um welchen Fall und um welche Wohnung geht es hier überhaupt? Wir hatten, samt Terrasse, knapp über 40 Quadratmeter zum Wohnen zur Verfügung und konnten vor unserem Auszug nur noch über den Flur zum Wohnen und Leben verfügen. Dieser Flur, den Sie auf dem Foto sehen können, war unser Kinder-, Wohn- und Schlafzimmer, hohes Gericht. Hier verletzt das Gericht wieder einmal offensichtlich unsere Rechte.

Was die Kaufbelege angeht, wurden dem Gericht bestimmt weit mehr als fünf Kaufbelege vorgelegt. Es wurden die Quittungen vorgelegt, die vorhanden waren.

Allein die beigefügten Fotografien belegen eindeutig, dass die in der Klageschrift genannten Gegenstände irreparabel von den Schimmelsporen kontaminiert waren, und es ganz bestimmt nicht möglich war, sie mit den im Handel erhältlichen Mittel davon zu befreien. Dies bestätigte fachgerecht auch der kompetente Mikrobiologe Herr Dr. Konstanz in seinem Fachgutachten vom 07.11.2011.

Hohes Gericht, sehr geehrte Damen und Herren, bitte haben Sie Verständnis dafür, dass uns einfach die Kraft fehlt, das oben genannte Urteil weitergehend zu analysieren und zu kommentieren. Dieses Urteil tritt unser Leiden gezielt mit Füßen und bleibt dabei indifferent. Bei allem Respekt, dieses gefällte Urteil ist despotisch, ungerecht und grob fahrlässig formuliert worden. Ich habe die Erfahrung gemacht, dass infolge der institutionellen und der individuellen Diskriminierung ein Albanischdeutscher gesellschaftlich tot geboren wird und den Rest seines Lebens ums Überleben kämpfen muss.

Das Urteil des Landgerichts W. vom 21.03.2013, das erst am 20.06.2013 bei uns eingegangen ist, ist in Kopie beigefügt.

Time Panteon

Schützenstr
42281 Wuppertal

Dr. med. Laura Mensch-Frei
Kinder- und Jugendärztin · Homöopathie Naturheilkunde

Ärztliche Bescheinigung

09.02.12

Laut Familie A. Time und dem Untersuchungsbericht der Firma
(U. Control Labor GmbH) vom 18.11.2011 fand sich starke
Schimmelbildung in ihrer Wohnung.
Aufgrund der erhöhten Gesundheitsgefährdung für die Familie, insbesondere
für ihren Sohn war aus kinderärztlicher Sicht ein Wohnungswechsel wichtig.

Hochachtungsvoll

42281 Wuppertal

Amtsgericht

Verkündet am 21.03.2013

Justizbeschäftigte
als Urkundsbeamtin der Geschäftsstelle

Landgericht

IM NAMEN DES VOLKES

0 - APR. 2013

Urteil

In dem Rechtsstreit

des Herrn

Klägers und Berufungsklägers,

Prozessbevollmächtigte: Rechtsanwälte

g e g e n

Herrn Dr.

Beklagten und Berufungsbeklagten,

Prozessbevollmächtigte: Rechtsanwälte Dr.

hat die 9. Zivilkammer des Landgerichts
auf die mündliche Verhandlung vom 07.03.2013
durch den Vorsitzenden Richter am Landgericht
den Richter am Landgericht Dr.   und die Richterin am Landgericht
für Recht erkannt:

Die Berufung des Klägers gegen das Urteil des Amtsgerichts
vom 02.03.2012, Az.   wird auf seine Kosten zurückgewiesen.

Dieses und das angefochtene Urteil sind vorläufig vollstreckbar.

[handschriftliche Notiz am rechten Rand:] Kein Volk würde eine verantwortliche Regierung dieser Art befürworten, wie es das tut... Rechtsorgane eines ...

106

Gründe.

I.

Der Kläger, ehemaliger Mieter, begehrt vom Beklagten als Vermieter nach beendetem Mietverhältnis Schadensersatz wegen eines Schimmelbefalls in der Mietwohnung, der sich derart auf Möbel, Elektrogeräte und Kleidung des Klägers und seiner Familie ausgewirkt haben soll, dass sie nicht mehr benutzt werden können. Das Amtsgericht hat die auf Zahlung von 4 340,43 € und von 446,13 € für vorgerichtliche Anwaltskosten jeweils nebst Zinsen gerichtete Klage abgewiesen und zur Begründung ausgeführt, trotz gerichtlichen Hinweises habe der Kläger nicht ansatzweise dargelegt, inwieweit die vom Kläger genannten Gegenstände dergestalt von dem zwischen den Parteien streitigen Schimmel befallen sein sollen, dass eine Benutzbarkeit nicht mehr möglich sei. Dagegen wendet der Kläger mit der Berufung im Wesentlichen ein, er sei seiner Darlegungslast ausreichend nachgekommen, indem er bereits in erster Instanz ausgeführt habe, dass alle Gegenstände vom Schimmel kontaminiert seien, und er Beweis angetreten habe durch Augenscheinnahme und Einholung eines Sachverständigengutachtens. Auf den gerichtlichen Hinweis des Amtsgerichts habe er mit Schriftsatz vom 15.02.2012 (Bl. 94 f d.A.) auf das zur Akte gereichte Privatgutachten des Sachverständigenbüros Balfanz (Bl. 26 ff, 28 ff d.A.) Bezug genommen, wonach der auf der Unterseite des Laminats festgestellte Schimmelpilz erhebliche Sporenmengen produziere, so dass umliegende Bereiche leicht kontaminiert werden könnten; aus der maßgeblichen und vergleichbaren Entscheidung des Landgerichts Dresden vom 25.02.2011, 4 S 73/10 ergebe sich, dass der Schimmelpilz nicht durch ein Abwischen habe entfernt werden können. Zwischen den Parteien ist streitig, wer den Lüftungsschacht in Küche und Bad verschlossen hat und ob dieser Verschluss als Ursache für den vermeintlichen Schimmelbefall heranzuziehen ist. Im Übrigen wird auf die tatsächlichen Feststellungen im angefochtenen Urteil Bezug genommen.

II.

Die zulässige, insbesondere form- und fristgerecht eingelegte und begründete Berufung bleibt in der Sache ohne Erfolg.

Der Kläger hat einen Anspruch gegen den Beklagten auf Schadensersatz wegen eines Schimmelbefalls der streitgegenständlichen Gegenstände, der sich allein aus § 536 a Abs. 1 BGB ergeben könnte, weder dem Grunde noch der Höhe nach ausreichend dargetan.

Gem. § 536 a Abs. 1 BGB kann ein Mieter unbeschadet der Rechte aus § 536 BGB Schadensersatz verlangen, wenn ein Mangel bei Vertragsschluss vorhanden ist, ein solcher Mangel später wegen eines vom Vermieter zu vertretenden Umstandes entsteht oder wenn der Vermieter mit der Beseitigung des Mangels in Verzug ist. Der

Kläger hat bereits diese anspruchsbegründenden Voraussetzungen nicht hinreichend dargetan. Auf den Hinweis des Amtsgerichts in der Sitzung vom 20.01.2012 (Bl. 84 d.A.), der Kläger solle sich substantiiert dazu erklären, wann erstmals Schimmel aufgetreten sei und er dieses dem Kläger (gemeint war: Beklagten) angezeigt habe, hat er im Schriftsatz vom 15.02.2012 nur vorgetragen, der Beklagte habe Kenntnis vom Schimmel gehabt.

Davon abgesehen hat der Kläger nicht ausreichend dargetan, dass der Schimmelbefall unter dem Laminatboden im Flur und Wohnzimmer zu Schimmelschäden an sämtlichen in der Klageschrift genannten Gegenständen - auch im Kinderzimmer und Schlafzimmer - geführt hat. Auf den Hinweis des Amtsgerichts, dass nicht erkennbar sei, inwiefern der behauptete Schimmel als Ursache für die behaupteten Schäden in Betracht komme, hat der Kläger nur pauschal behauptet, die Gegenstände dürften wegen einer Gesundheitsgefährdung nicht genutzt werden, und auf ein Gutachten zur Art des Schimmels und das Urteil des Landgerichts Dresden vom 25.02.2011, 4 S 73/10, verwiesen. Dieser Verweis ersetzt jedoch keinen substantiierten Sachvortrag, da der vom Landgericht Dresden entschiedene Fall eine Belastung der Wohnung nicht mit Schimmel, sondern mit Asbest betraf. Aus dem zur Akte gereichten Gutachten ergibt sich zudem nicht, dass die in der Klageschrift genannten Gegenstände tatsächlich von dem Schimmelpilz betroffen waren und nicht mit den im Handel erhältlichen Mitteln vom Schimmelbefall hätten befreit werden können.

Davon abgesehen hat der Kläger seinen Schaden auch der Höhe nach bereits im Ansatz nicht ausreichend dargetan. Kaufbelege hat er nur für fünf Gegenstände (Bl. 35-42 d.A.) - TV, Kinderbett, Kinderwagen, Notebook und Möbel - im Gesamtwert von 1.680 € zur Akte gereicht. Auch entfiele eine Ersatzfähigkeit des Schadens gem. § 254 BGB wegen Verstoßes gegen die Schadensminderungspflicht jedenfalls im Hinblick auf den Fernseher, der nach eigenem Vortrag des Klägers erst nach dem Bemerken des vermeintlichen Schimmelbefalls angeschafft und in die Wohnung gebracht worden ist.

III.

Die Nebenentscheidungen ergeben sich aus §§ 91, 708 Nr. 10, 711, 713 ZPO.

Anlass, die Revision zuzulassen (§ 543 Abs. 2 ZPO), bestand nicht.

Streitwert: 4.340,00 Euro.

Dr.

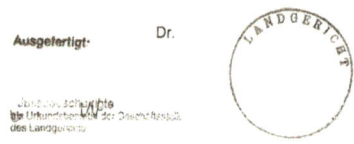

Ausgefertigt·

Justizhauptangestellte
als Urkundsbeamtin der Geschäftsstelle
des Landgerichts

<u>Bescheinigung des Zustellungszeitpunktes gemäß § 169 Abs. 1 ZPO</u>

Es wird bescheinigt, dass eine Ausfertigung vorstehenden Urteils vom 21.03.2013
dem Beklagten zu Händen seiner Prozessbevollmächtigten, Rechtsanwälte
Dr.

am 22.03.2013

von Amts wegen zugestellt worden ist.

Wuppertal, 0 3. APR. 2013

Justizbeschäftigte
als Urkundsbeamtin der Geschäftsstelle
des Landgerichts

15. Sehr geehrte Damen und Herren, wir bitten Sie höflich, sich dieser Angelegenheit anzunehmen. Das W. Gericht hat hier eindeutig versagt. Wir wüssten nur zu gerne, warum es versagt hat.

Unser Sohn klagt regelmäßig über Bauchschmerzen, Kopfschmerzen und Schmerzen am urogenitalen Organ. Wenn er urinieren muss, sagt er: „Mein Pipi brennt!" Er leidet an Ess- und Schlafstörungen. Der hochgradig gefährliche Schimmelpilz und die Chlor- sowie die Ammoniakmengen des Schimmelvernichters haben Spuren bei uns hinterlassen. Unser Kind trägt die Folgen davon. Die ärztliche Bescheinigung der Frau Dr. med. Laura Mensch-Frei vom 09.02.2012 liegt Ihnen vor.

Des Weiteren bin ich, Adonis Time, an Asthma bronchiale und einem intrinsischen Postnasal-Drip-Syndrom erkrankt, leide mittlerweile an einem erkrankten Herzen und an hohem Blutdruck, als Folge der oben genannten giftigen Substanzen, die ich permanent einatmen musste. Hinzu kommt die eindeutige Diskriminierung, die ich bei diesem Höllentrip erlebt habe. Dabei durfte ich nur zusehen, wie das Gericht eines sogenannten Rechtsstaates es offensichtlich zulässt, dass meine Seele und die Gesundheit meiner jungen Familie zerstört wurden.

Als Beweis hierfür sind diverse fachärztliche Bescheinigungen in Kopie beigefügt.

Daher sind für die Durchführung und Entscheidung des Rechtsstreites Ihre brillanten Persönlichkeiten und Ihre exzellente Arbeit dringend erforderlich. Wir bitten Sie, diese Angelegenheit auf Kosten des Beklagten, Herrn Dr. Tröger, aufzunehmen und durchzuführen.

Wir bitten Sie, den Beklagten zu verurteilen und den Betrag von 4.340,93 Euro für die in der Klageschrift genannten Gegenstände zzgl. Zinsen in Höhe von fünf Prozent über dem Basis-zinssatz ab Fälligkeit zu zahlen.

Wir bitten Sie, den Beklagten zu verurteilen und den Miet-kautionsbetrag von 600,00 Euro zzgl. Zinsen zurückzuerstatten. Wir bitten Sie, den Beklagten zu verpflichten, in mindestens zwei Fällen Schmerzensgeld zu zahlen. Die Festlegung der angemessenen Höhe des Schmerzensgeldes überlassen wir Ihnen, hohes Gericht.

Sehr geehrte Damen und Herren, bitte erlauben Sie uns, Sie im Namen unseres ausführlichen Vortrages und der Gerechtigkeit höflich darum zu bitten, das unter dem Aktenzeichen 80 D 12/12 geführte Urteil des Amtsgerichts W. vom 02.03.2012 und das unter dem Aktenzeichen 8 A 101/12 geführte Urteil des Landgerichts W. vom 21.03.2013 zu entkräften und abzuändern.

Man übt Gewalt auch aus, wenn man jemanden verachtet, auf ihn herabschaut oder ihn demütigt.

Die zwei erwähnten Gerichtsurteile sind schlicht grob fahrlässig.

Uns wurde vorgeworfen, dass wir den Sachverhalt nicht sub-stantiiert dargelegt hätten, was völliger Unsinn ist. Nun hoffen wir sehr, dass wir ihn dieses Mal ausführlicher vorgetragen haben, um das Ausmaß an Ungerechtigkeit und Diskriminierung darzustellen, das was uns als Familie angetan wurde.

Diesbezüglich bitten wir Sie ausdrücklich und höflich, mit Ihren intellektuellen Fähigkeiten ein gerechtes Urteil, der Rechtslage entsprechend, zu fällen.

Darin sind wir der Meinung, dass wir der Beweislage nichts schuldig geblieben sind. Wir glauben an Ihre ausgezeichneten Berufserfahrungen.

Mit freundlichen Grüßen

Eheleute Venesia & Adonis Time

DAS GERICHT DES GELOBTEN RECHTSSTAATES - DER HÖCHSTE GRAD VON UNGERECHIGKIET IST GEHEUCHELTE GERECHTIGKIET

(Anatomie des Verbrechens)

Schlusswort zur Verfassungsbeschwerde & Verfassungsklage:
Urteile 80 D 12/12 - Amtsgericht und 8 A 101/12 - Landgericht W.

Sehr geehrte Damen und Herren,

ich, Adonis Time, bin ursprünglich von der Universität direkt nach Deutschland gekommen. Hier habe ich alles mit meiner Integrationsbereitschaft, mit meinem Talent, Fleiß und Blut erreicht. Selbst den unterqualifizierten Tätigkeiten und Arbeitsverhältnissen bin ich mit meinem gesamten Elan und mit großer Freude nachgegangen, um - soweit es mir gelang - unabhängig von staatlichen Leistungen sein zu können. Üblicherweise ist es dabei mal bergab und mal bergauf gegangen und ich habe nie meine Inferiorität eingesetzt - nach dem Motto „Ich bin gebildet" -, sondern habe mich den Aufgaben ausgezeichnet angepasst.

Ich habe es hierzulande sogar geschafft, Schriftsteller zu werden, ohne dass ich jemals einen Sprachkurs für die deutsche Sprache besucht habe. Allein dafür erlaube ich mir, stolz auf mich zu sein.

Über die beiden genannten und gefällten Gerichtsurteile jedoch, um die es hier geht, kann man nur entsetzt und davon angewidert sein. Es kann doch nicht sein, dass unser Kind, ein deutscher Bürger, so offensichtlich diskriminiert wird und ihm die

113

Rechte selbst von einem Amtsgericht und Landgericht entzogen werden, weil es der Sohn eines Immigranten ist. Wir bestätigen, dass wir als junge Familie in dieser Hinsicht ganz bestimmt keine Komplexe haben. Ganz im Gegenteil.

Dennoch - wie kann es sein, dass in einem Rechtsstaat insbesondere einem Baby die Rechte so gezielt entzogen werden dürfen?! Und das, während Deutschland sich als Staat gerne auf seine Rechtsstaatlichkeit berufen will, die aber häufig gezielt in weite Ferne zurückgedrängt und vernachlässigt wird.

Sollte unser Kind des Weiteren, egal ob Tochter oder Sohn, das Kind eines „sekundären Immigranten" sein und auch als solches angesehen werden, dann ist die gegnerische Seite das Kind eines „primären Immigranten" und dieses soll ebenfalls als solches zu betrachten sein. Zumal so mancher Richter ebenso zuvor Immigrant war - und als solcher ist derjenige erst recht als primärer Immigrant zu bezeichnen -, abgesehen davon, dass seine Eltern auch ursprünglich von woanders hergekommen waren und in Deutschland, zunächst als Flüchtlinge, aufgenommen wurden.

Während jedoch unser Sohn mit Folgeschäden aufwächst, wird er alsbald uns Eltern die Frage stellen: „Warum habt ihr nicht diese Anatomie des Verbrechens bekämpft? Warum habt ihr nichts dagegen getan?" Nach dem Motto: „Wir leben in einem Rechtsstaat und wir sind sehr stolz darauf."

Wir sind eine junge Familie, der dabei nur zuzusehen erlaubt war, als uns die Rechte durch die Gerichte eines „Rechtsstaates" ganz offensichtlich entzogen wurden. Während wir noch bis heute mit den Folgeschäden leben müssen, die uns in der damaligen, im Jahr 2011 vom toxischen Befall massiv kontaminierten Wohnung zugefügt worden sind.

Das Verhalten der W. Gerichte, insbesondere unserem Kind - damals einem Säugling - gegenüber, war grob fahrlässig und wir fühlen uns zu Recht betrogen. Wir wollen nicht die Geschädigten eines Gerichtes bleiben, das sich die „Medaille der Bestechlichkeit" um jeden Preis herbeischafft. Ihr selektives und nicht infrage gestelltes Handeln steht im Gegensatz zur Gerechtigkeit, die sie eigentlich herstellen sollten. So betrachtet das Gericht einen nach Gerechtigkeit Suchenden, der viel Entschlossenheit zeigt, häufig als seinen Widersacher. Allerdings ist niemand ein ernstzunehmender Gegner für sie. Jede Partei, die das Gericht um Hilfe ersucht, sollte gleichermaßen als Mitstreiter der Gerechtigkeit betrachtet werden. Das detaillierte Berufungsschreiben liegt Ihnen vor, aber die Argumente reichen nicht aus? Auf dem Papier sind das gute Normen, aber manche Richter orientieren sich nicht danach, sondern nach ihren persönlichen Vorlieben, und nutzen ihre beinahe unbegrenzte Macht nicht im Sinne des Rechtsstaates. Deshalb brauchen wir Ihren Beistand.

Eine gesunde Familie ist die Grundvoraussetzung für eine gedeihliche Gesellschaft.

Von diesem Kontext hergeleitet, beenden Sie bitte die Ihnen vorgelegte Renaissance der Inkompetenz, der Diskriminierung und der Verantwortungslosigkeit.

Was das für ein Gefühl ist, wenn man so offensichtlich diskriminiert wird, kann sich kaum jemand exakt vorstellen. Man muss erlebt haben, wie ist es, wenn einem seine Rechte entzogen werden und, infolgedessen, seine Seele für die Ewigkeit zerschmettert wird.

Für die beschädigte Seele eines Kindes ist keine Prothese gewachsen, verehrte Exzellenzen.

Bitte haben Sie Verständnis dafür, dass unsere bewegenden Zeilen dem Leidtragenden dieser Unbekümmertheit - unserem betroffenem Kind - gewidmet sind.

Wir haben unserem Kind, Panteon, versprochen, dass wir mutig dem Hass widersprechen und dafür sorgen werden, dass man uns nicht vergisst. Denn nur durch die Pluralität, Gerechtigkeit und Gleichberechtigung lässt sich Demokratie verwirklichen. Dahingehend erlauben wir uns, Ihnen inständig die gerechte Frage zu stellen: Dürfen diese feigen und brutalen Zuwiderhandlungen verjähren?

Wir sind keine Rechtsanwälte und können uns keinen Anwalt leisten. Wir bringen die Sprache des Opfers zu Papier. Von unserem ausführlichen Vortrag, von der eindeutigen Rechtslage jedoch, haben wir die Gerechtigkeit auf unserer Seite und wir glauben an Sie, sehr geehrte Damen und Herren. Gott segne Sie, Ihre Familien und Ihre brillante Zukunft. Vielen lieben Dank!

Mit freundlichen Grüßen

die betroffenen Eheleute Venesia & Adonis Time

Anlagen

Wuppertal - Deutschland, im Juni 2016

DAS HAUS IN DER SAVANNE
(Deutschsprachkurs für ein deutsches Kind)

Wuppertal, den 28.05.2015

Hallo,

ich bin ein Junge namens Panteon. Im Februar 2011 bin ich in Nordrhein-Westfalen, Deutschland, zur Welt gekommen und von Geburt an lebe ich hier.

Meine Eltern mussten in diesem Land einen Asylantrag stellen, um das Bleiberecht zu erhalten. Mein Vater musste 16 Jahre lang ohne einen vernünftigen Aufenthaltstitel auskommen, obwohl er sich dank seiner integrativen Kraft exzellent zurechtfand und während dieser Zeit regelmäßig in einem Arbeitsverhältnis stand. Um es konkret zu formulieren, sind meine Eltern „sekundäre Immigranten", diejenigen also, die etwas später nach Deutschland zugezogen sind. „Primäre Immigranten" hingegen sind diejenigen, die sich seit über 80 Jahren hier aufhalten dürfen. Insofern ist die Definition „Deutschland gehört allen hier lebenden Bürgern" meines Erachtens als die einzig vertretbare anzusehen.

Mein Vater ist Akademiker, meine Mutter arbeitet gestalterisch und ist eine sehr sorgfältige Hausfrau. Allerdings ist mein Vater auch als Schriftsteller tätig. Sein erstes Buch in der deutschen Sprache wurde bereits veröffentlicht und er ist mittlerweile mit weiteren Projekten beschäftigt. Er schreibt in der albanischen und in der deutschen Sprache, obwohl er noch nie einen Deutschkurs oder Ähnliches besucht hat. Allein dafür erlaube ich mir, „Hut ab!" zu sagen, denn das möchte jemand meinem Vater erst einmal nachmachen. Übrigens ist er seit

117

Herbst 2007 eingebürgert und lebt mittlerweile seit knapp 24 Jahren in Deutschland. In seiner Heimat hingegen hat mein Vater nur 22 Jahre gelebt.

Meine Eltern waren intensiv darum bemüht, einen freien Platz in einem Kindergarten für mich zu bekommen. Die Bewerbungen waren jedoch bis dieses Jahr (2015) vergeblich. Dennoch haben meine besonnenen Eltern darauf verzichtet, meine Geburtsstadt zu verklagen.

Zum Glück wurde ich ab Anfang März 2015 in einer Spielgruppe aufgenommen. Die Leiterin dieser Gruppe, eine ausgebildete Germanistin, ist sehr nett und kompetent. Dort darf ich dreimal in der Woche mit anderen Kindern spielen. Insgesamt sind also neun Wochenstunden für mich reserviert.

Ab Anfang August 2015 werde ich, Gott sei Dank, mit meinem zweijährigen Bruder gemeinsam in einer Kindertagesstätte versorgt. Unsere Eltern haben der Bildungsdokumentation dieser Kindertageseinrichtung zugestimmt und den entsprechenden Vertrag unterzeichnet.

Am 20.04.2015 erhielten wir einen Brief vom „Stadtbetrieb Schulen". Mit diesem Schreiben lud das Schulamt mich am 06.05.2015 um 11:10 Uhr ein. Meine Eltern kamen nicht dazu, dieses Schreiben ausführlich zu lesen und zu analysieren. Sie nahmen nur den vermerkten Termin darin wahr und wollten diesem selbstverständlich Folge leisten. Sie dachten zunächst, dass es sich dabei um eine Routinevorbereitung für meinen bevorstehenden Kindergartenbesuch handeln würde.

Am 06.05.2015 war ich jedoch erkrankt. An diesem Tag rief mein Vater die Schulleiterin, die das Anschreiben formuliert und unterzeichnet hatte, an und entschuldigte mich dafür, dass ich den Termin nicht wahrnehmen konnte. Die Frau am Apparat war ziemlich unhöflich und brachte meinem Vater ein unverhältnismäßiges Verhalten entgegen. Das machte meine Eltern skeptisch und brachte sie dazu, den erwähnten Brief ausführlich zu lesen und zu studieren.

Der exakte Inhalt darin, war wie folgt formuliert:

„Einladung zur Sprachstandsfeststellung zwei Jahre vor der Einschulung gem. § 36 Abs. 2 SchulG in Verbindung mit § 126 SchulG, Frau Güntera Gysa (eine Lehrerin) ist vom Schulamt beauftragt, den Test ‚Besuch im Pfiffikus-Haus‘ durchzuführen. Durch das Verfahren soll festgestellt werden, ob Ihr Kind die deutsche Sprache hinreichend beherrscht. […]
Alle Kinder, die keine Kindertageseinrichtung besuchen und Kinder, deren Eltern der Bildungsdokumentation in der Kindertageseinrichtung nicht zugestimmt haben, werden mit dem Verfahren ‚Delfin 4‘ getestet. […]
Die Ergebnisse der Tests werden dazu genutzt, die Kinder mit Sprachförderbedarf zu einem Sprachförderkurs zu verpflichten.“

Kurz nach unserer Absage erreichte uns ein erneutes Schreiben derselben Frau. Dieses war an keiner Stelle mit einem Datum versehen. Es ging am 08.05.2015 bei uns ein und es wurde darin ein neuer Termin - der 21.05.2015 um 09:00 Uhr - für mich bestimmt. Außerdem wies der zweite Brief zwei Rechtschreibfehler auf, die die geschulten Augen meines Vaters sogleich entdeckten.

Der Inhalt jenes Schreibens fing folgendermaßen an:

„Der Einladung sind Sie unentschuldigt nicht nachgekommen! Wer vorsätzlich oder fahrlässig als Eltern nicht für die Teilnahme des Kindes an der Feststellung des Sprachstandes zwei Jahre vor der Einschulung sorgt, kann wegen dieser Ordnungswidrigkeit mit einer Geldbuße geahndet werden."

Unmittelbar darauf hat mein Vater zunächst persönlich Kontakt zum zuständigen Schulamt aufgenommen. Dort ist er der zuständigen Dame begegnet und hat ihr die beiden Briefe vorgelegt, ebenso den unterzeichneten Vertrag des Kindergartens. Er wollte mehr darüber erfahren, welchem Zweck solch ein „Sprachkurs" dient, der unter den Namen „Besuch im Pfiffikus-Haus" und „Delfin 4" getarnt wird. Davon abgesehen sei ich gerade einmal vier Jahre alt und Kinder in diesem Alter würden häufig nicht über die Fähigkeit verfügen, auch nur wenige und einfache Sätze einwandfrei zu artikulieren. Wie kann es dann sein, dass das Schulamt einem deutschen Kind einen „Sprachkurs" aufzunötigen versucht, während meine Zunge noch kaum so weit ist, einige Wörter richtig auszusprechen?

Die Antwort der Zuständigen lautete:

„Alle Kinder, auch deutsche Kinder, werden dazu aufgefordert, diesen Test ‚Delfin 4' mitzumachen! Daher rate ich Ihnen an, den nächsten Termin möglichst wahrzunehmen. Denn wenn Sie es nicht tun, kann das mit einer Geldbuße in Höhe von bis zu 5.000 Euro geahndet werden!"

Meinem Vater blieb nur eins übrig, nämlich der Auskunft des zuständigen Amtes zu glauben. Es müsste noch hinzugefügt werden, dass wir bisher keiner deutschen Familie begegnet sind, deren Kinder im Alter von vier Jahren mit solch einem „Sprachkurs" belastet und belästigt wurden. Dabei stehen einem aber häufig die Haare zu Berge, wenn man einige sogenannte Fachärzte, beispielsweise für Radiologie, Orthopädie und andere, reden hört. Denn diese sind der deutschen Sprache kaum mächtig und stammen ursprünglich aus mächtigen slawischen Ländern. Der Staat kann und darf solchen Protagonisten keinen hochwertigen Sprachkurs aufdrängen, weil sie nun einmal den mächtigen Völkern angehören.

Es kommt einem so vor, als ob die Regierung, durch angesammelte Vorurteile und Wut, willkürlich mit Menschen umgeht, die ursprünglich kulturvollen und friedlichen kleineren Völkern angehören. Nach dem Motto: „Vor lauter Angst vor dem Esel tritt man wenigstens erbarmungslos auf dessen Sattel."

Wie dem auch sei, die deutsche Sprache sollte auf gar keinen Fall an mir scheitern. Nach diesem Credo nahm ich den festgelegten Termin - am 21.05.2015 um 09:00 Uhr - wahr. Mein Vater begleitete mich dabei.

Sobald die Lehrerin, Frau Güntera Gysa, uns sah, sagte sie:

„Sie haben den ersten Termin nicht wahrnehmen können, und dafür haben Sie sich entschuldigt."

„Ihr Schreiben, ohne Datum, besagt aber das Gegenteil", antwortete mein Vater.

„Ach, wissen Sie, das sind Standardbriefe. Die werden von uns unterzeichnet und versendet", gab die Lehrerin der A.-Ronkalli-Grundschule zu.

„Das habe ich mir auch gedacht, Frau Gysa. Abgesehen davon sollten Ihnen selten Rechtschreibfehler unterlaufen, da Sie die Arbeit von unzähligen Schülern analysieren, gegebenenfalls korrigieren und zum Schluss auch benoten", antwortete mein Vater entsprechend.

Darauf ging Frau Gysa jedoch nicht ein. Stattdessen wandte sie sich mir zu und kam mir dabei unangenehm nahe: „Und wer bist du?"

„Ich heiße Panteon", antwortete ich.

„Oh, du kannst schon Deutsch! Und wie wird dein Name ausgesprochen?", fragte die Lehrerin, doch jetzt mit einem ironischen Unterton und einer Portion Zynismus.

„Ganz einfach, wie das Pantheon, Frau Gysa, wie das Pantheon!", antwortete ihr mein Vater mit der gleichen Betonung. Er war darüber erstaunt, wie sie als Deutschlehrerin den Namen Panteon - beziehungsweise Pantheon, wie er zum Beispiel in der Mythologie vorkommt - nicht einordnen konnte!

Oder war wieder einmal diese krankhafte Ignoranz aufgetreten, die zur Unterschätzung führt und die meistens Menschen mit Komplexen insbesondere den „Neuankömmlingen" entgegenbringen? Wenn solche Damen aber selbst über solche Namen verfügen wie Detlefka, Wallburga, Slawica, Gusyca, Gysa, Klauska, Wolfgange, Stanislava, Miroslava, Kazimirka, Güntera und so weiter, fragen wir nicht, wie einer der erwähnten Namen ausgesprochen wird.

Danach sagte die Lehrerin nichts mehr, sondern führte uns in den Raum, in dem der Test durchgeführt wurde.

Dieser beanspruchte über 30 Minuten. Ich musste sage und schreibe elf Seiten ausfüllen. Beziehungsweise die Lehrerin stellte mir die Aufgaben und Fragen und notierte meine Antworten. Das war durchaus anstrengend und ich zitterte leicht, weil ich ein wenig Angst hatte und ich mich innerlich fragte: *Weiß die Lehrerin, die ich heute zum ersten Mal sehe, dass ich Angst vor ihr habe?* Ich war gerade einmal vier Jahre alt und das, was sie gerade tat, kam mir so vor, als ob sie beharrlich versuchte, meine Reife durch Zwang zu beschleunigen.

Letztendlich habe ich den „Deutschkurs" mit einem Ergebniswert von 47,6 Punkten (von möglichen 50 Punkten) sofort bestanden! Anschließend trug die Lehrerin den folgenden

Vermerk in ein Buch ein: „Derzeit keine zusätzliche Sprachförderung benötigt."

Mein Vater war dabei, er durfte jedoch nicht intervenieren. Er war einfach fassungslos darüber, was er sah und hörte. Überdies war er empört, wie einem kleinen Kind absichtlich elf Seiten Tortur aufgenötigt wurden. Jedoch musste er sich beherrschen, weil er an die Geldbuße dachte, die uns angedroht wurde, hätten wir dem Test nicht Folge geleistet. Wir mussten da durch.

Nachdem ich den Test bestanden hatte, fragte mein Vater die Lehrerin:

„Könnten wir bitte eine Kopie von den gestellten Fragen und den gelösten Aufgaben haben, also von den 11 Seiten?"

„Nein, das dürfen wir nicht rausgeben. Das ist intern!", antwortete die Lehrerin.

„Das ist eine Tortur für so ein kleines Kind und das wissen Sie auch, oder?", fragte mein Vater.

„Ich mache leider die Gesetze nicht", antwortete sie.

„Müssen sich denn alle Kinder solch einer ‚Maßnahme' unterziehen?", fragte sie mein Vater.

„Nein, nur die Kinder mit einem ‚Migrantenhintergrund'", rutschte es der Lehrerin wahrscheinlich ungewollt heraus.

„Aha! Das Schulamt meint, dass alle deutschen Kinder einen solchen ‚Sprachförderkurs' zu bestehen haben und zwar ohne Ausnahme! Zumal jeder von uns einen ‚Migrantenhintergrund' hat. Der eine als primärer und der andere als sekundärer Immigrant", intervenierte mein Vater.

„Ja. Alle Kinder dann ... müssen diesen Kurs mitmachen." Erstaunlicherweise änderte die Lehrerin ihre Aussage prompt um. „Sie sprechen doch kein Deutsch zu Hause, oder?"

„Oh doch, das tun wir. Zumal Sie das gar nicht wissen können, ob wir dies tun oder nicht, oder?! Ich persönlich finde es kurios, gar sehr traurig, dass selbst das Bildungssystem - dahin gehend Ihr Stadtbetrieb Schulen - mit Mutmaßungen arbeitet und sich durch solche Mutmaßungen leiten lässt. Übrigens, sprechen die mächtigen slawischen Völker denn Deutsch zu Hause? Und Sie, was ist mit Ihnen?"

Hier war die Lehrerin sprachlos und wusste keine Antwort.

Mein Vater merkte, dass es fruchtlos wäre, sich auf weitere Diskussionen einzulassen. Ich hatte den Test bestanden. Außerdem war ich bereits mit vier Jahren nahezu zweier Sprachen mächtig.

Das unverhältnismäßige Prozedere war nun abgeschlossen und wir wollten gehen. Noch an der Tür fragte mich die Lehrerin:

„Hast du noch einen Bruder?"

„Jaaa, habe ich", antwortete ich.

„Und wie heißt er?"

„Heron."

„Oh je, das sind Namen!", sagte die Lehrerin mit einem Anflug von Zynismus.

„Wie der Name Ihrer Schule, A.-Ronkalli ...", merkte mein Vater an, weil er mich, seinen Sohn, nun einmal vertreten und beschützen musste.

Die Lehrerin fügte dem nichts mehr hinzu.

Mein Vater dachte gerade darüber nach, dass sie mit aller Wahrscheinlichkeit selbst den Namen „Ronkalli" nicht einzuordnen und herzuleiten wusste. Denn hätte sie gewusst, dass der Name so viel wie „es lebe das Getreide" oder „vom Getreide lebt" bedeutet - abgeleitet von „Ron" (aus dem Albanischen für „lebt") und „Kalli-Kalliri" (aus dem Albanischen für „Getreide"), wäre sie vielleicht eine Stufe besser vorbereitet gewesen.

Dennoch schwieg mein Vater und folgte seinem Weg weiter, da laut einem Sprichwort „auch das volle Getreide den Kopf leicht nach unten geneigt hält". Denn er wusste, selbst wenn er ihr das beibringen würde, würde es keinen Sinn ergeben.

Nun, liebe Gleichaltrige, liebe Kinder, liebe Eltern mit voller Verantwortung, liebe Bürgerinnen und Bürger und liebe Mitmenschen dieser Gesellschaft, da es mir nicht gelingt, diese Vorkommnisse einzuordnen und sie mir unmöglich vorkommen, bleibt mir nur eine Forderung übrig: Das, was geschehen ist, offenzulegen und zu veröffentlichen. Ich gehe stark davon aus, dass nicht nur ich davon betroffen war, sondern dass viele weitere Kinder Ähnliches durchleben mussten. Denn warum sollte ich mir so etwas Absurdes ausdenken?

Eins weiß ich jetzt schon: Durch solche Torturen und merkwürdigen Maßnahmen kann meine Sympathie nicht gewonnen werden. Meine Eltern wurden in all den Jahren schon genug diskriminiert und ausgegrenzt.

Bestimmt werde ich es mir überlegen, ob ich ein stiller Teil eines Bildungssystems sein will, das es zulässt, dass Lehrerinnen und Lehrer selbst bei kleinen Kindern derartige Zwistigkeiten, Ausgrenzungen und grundsätzliche Vorbehalte praktizieren. Es könnte eines meiner Ziele werden, dieses System transparenter zu machen.

Es kann doch nicht sein, dass ein Kind als Bürger dieses Landes bereits im Alter von vier Jahren von solchen primären Immigranten abgestempelt, diskriminiert und etikettiert werden darf. Wie kann das denn funktionieren, wenn einer Familie vermittelt wird, dass es nicht erlaubt und sogar bedenklich sei, bei sich zu Hause die Muttersprache zu sprechen?

Ich denke, dass solche voreingenommenen und absonderlichen Entscheidungen, Diskriminierungen, gezielte

Ausgrenzungen und Abschottungen nur destruktive Folgen haben können.

Eines wissen meine Eltern jetzt schon genau: Meinen Bruder und mich werden sie dieser Schule nicht anvertrauen und einer Lehrerin, die selbst bei einem vierjährigen Kind solche Vorbehalte kultiviert, erst recht nicht.

In diesem Sinne, die wohlüberlegte Entscheidung möge euch alle auf den richtigen Weg führen.

Vielen lieben Dank - als betroffenes Kind - euer Panteon.

Anlagen

Eheleute Dea & Ar Sotti
Crone Straße 181 · 42119 Wuppertal

Eheleute Dea & Ar Sotti · Crone Straße 181 · 42119 Wuppertal
Einschreiben-Rückschein

Deutscher Bundestag
11011 Berlin

Betreff: Deutschsprachkurs für ein deutsches Kind

Wuppertal, den 09.11.2016

Sehr geehrte Damen und Herren,
   bitte erlauben Sie uns, Ihnen folgenden Sachverhalt zu schildern:
   Zunächst bitten wir Sie, das beigefügte Porträt, das wir im Namen unseres betroffenen Kindes sachgemäß verfasst haben, zur Kenntnis zu nehmen.
   Als unserem Sohn, der zu der Zeit eine deutsche Kinderspielgruppe besuchte und dessen Versorgung in einer deutschen Kindertageseinrichtung ab August 2015 bereits schriftlich fest geplant war, auch ein Sprachkurs aufgenötigt wurde, fragte er uns: „Bin ich kein Deutscher?! Und mein Bruder, ist er denn einer?!"
   Das, was uns ganz offensichtlich die Assoziationen eines erstaunlichen Kuriosums vermittelt, ist die Tatsache, dass diverse

Medien dieses Landes, sich sehr darüber freuen, endlich irgendeine Propaganda oder einen Bericht über die göttlichen Länder unseres Planeten (Amerika und Großbritannien) zu ergattern und zu transmutieren, anstatt dass diejenigen ihre eigenen Hausaufgaben nicht vernachlässigen und unseren Sachverhalt veröffentlichen!

Denn die zerschmetterte Seele eines kleinen Kindes kann keine Prothese der Welt ersetzen.

Als Eltern dachten wir, dass wenigstens unser Kind, das in Wuppertal geboren wurde und von Geburt an im Besitz der deutschen Staatsangehörigkeit ist, die Rechte dieses Landes ohne Ausnahme erfahren dürfe.

Bedauerlicherweise war dies ein Irrtum, da selbst unser Kind als „Immigrant" abgestempelt wird. Und zwar von wem? Von denjenigen, die selbst einen Migrantenhintergrund haben! Wie kann es denn nur sein, dass solchen primären Immigranten das Recht eingeräumt wird, unseren Sohn zu diskriminieren?!

Die Führungspolitiker dieses Landes verreisen gerne voller demokratischer Reden nach China und in andere Staaten, um diese zu erziehen. Sie sagen dort - Zitat: „In der demokratischen Gesellschaft muss die Stärke des Gesetzes und nicht das Gesetz des Stärkeren regieren", anstatt dass sie vor der eigenen Tür kehren, wo sich unverkennbar der „Abfall" türmt.

Wir denken, dass selbst die barbarischen Stämme damals keinen „Sprachkurs" für ein vierjähriges Kind - das von Geburt an die Staatszugehörigkeit des Stammes hatte - vorgesehen hatten, geschweige denn ein Bundesland jenes Landes, das sich stets mit der Gerechtigkeit, Gleichberechtigung und dem Kinderschutz identifizieren möchte und das vielmehr von primären als von sekundären Immigranten bewohnt wird.

Sehr geehrte Damen und Herren, die eingangs genannte absonderliche „Maßnahme" ist unseres Erachtens, aus der Perspektive der Rechtslage und aus dem Fokus eines vierjährigen Kindes betrachtet, gelinde gesprochen beschämend idiotisch. In dieser schweren Zeit, die unserer jungen Familie zugemutet wurde, erfahren wir nur die Hilflosigkeit und wir fühlen uns übergangen und in unseren Rechten verletzt. Denn das Bundesministerium für Bildung und Forschung weist mit dem Schreiben vom 30.10.2015 die Zuständigkeit von sich und teilt uns mit, dass für unser Anliegen das Ministerium des Landes NRW zuständig sei, das jedoch unser Schreiben vom Oktober 2015 bis zum heutigen Tag nicht einmal beantwortet hat.

Wir möchten umgehend darüber Kenntnis erhalten, wer diese schreckliche und absonderliche „Maßnahme" gegen unser Kind initiiert und durchgesetzt hat. Zumal es nicht unsere Schuld war, dass wir unser Kind nicht eher in einer Kindertageseinrichtung anmeldeten, denn die Stadt Wuppertal war nicht dazu in der Lage, uns zeitiger einen freien Platz für unseren Sohn anzubieten. Wieso musste unser vierjähriger Sohn daraufhin sanktioniert und wir als junge Familie bestraft werden?

Wie kann es sein, dass einer sogenannten Lehrerin das Recht dazu eingeräumt wurde, ein vierjähriges Kind sogar in Anwesenheit seines Vaters ganz offensichtlich gezielt zu erniedrigen? Und zwar wo? In einem Land, in dem angeblich die Demokratie an der Tagesordnung sein sollte. Man sollte sich keineswegs wundern, wenn später durch solche inkompetenten Protagonisten, die mit Komplexen beladen sind und an einem Bildungssystem teilhaben dürfen, „Parallelgesellschaften" entstehen und Nötigungen zu Tage treten. Daher sind solche „Lehrkräfte" unseres Erachtens sofort zu identifizieren und zu suspendieren, ehe die Gesellschaft von ihnen noch stärker infiziert wird. Wir erwarten nun unmissverständlich, dass diejenige prompt zur Verantwortung gezogen wird.

Wie kann es sein, dass die Mitarbeiter des zuständigen Schulamtes noch mehr „deutsch" sein dürfen, als es unser Kind in der Tat ist? Wer gewährte denn denjenigen das Anrecht darauf, unsere Familie für eine solche unverhältnismäßige Maßnahme zu selektionieren?

Zugleich möge uns das Bildungsministerium des Landes unverzüglich weitere deutsche Familien nennen, deren vierjährigen deutschen Kindern ebenfalls ein Sprachkurs aufgenötigt wurde. Denn der „Stadtbetrieb Schulen" bestätigte uns, dass „alle deutschen Kinder, ohne Ausnahme, die erwähnte ‚Maßnahme' absolvieren" müssten, sollte das nicht eine gezielte Desinformation des dafür zuständigen Amtes sein. Denn einer solchen Familie sind wir persönlich bis heute nicht begegnet!

Daher wenden wir uns hoffnungsvoll direkt an Sie und bitten Sie inständig, sich unseres Falls anzunehmen und ihn unverzüglich zugunsten der Gerechtigkeit abzuarbeiten.

Wenn Sie uns, als Eltern des betroffenen Kindes, auch ignorieren, bliebe uns insofern nur eins übrig: Es offenzulegen und die Geschehnisse in jeder dafür gegebenen Möglichkeit zu veröffentlichen.

Mit erwartungsvollen Grüßen
die betroffenen Eheleute Dea und Ar Sotti

Anlagen:

Der Vertag von der Kinderspielgruppe
Die Korrespondenz des Schulamtes in Kopie
Das Porträt zu dieser Entscheidung in Kopie

Das Schreiben des Bundesministeriums für Bildung und
Forschung vom 30.10.2015 in Kopie

Bundesministerium
für Bildung
und Forschung

Freiheit
Einheit
Demokratie

POSTANSCHRIFT Bundesministerium für Bildung und Forschung,   Berlin

Eheleute
Dea und Ar Sotti
Crone Str. 181
4. W.

HAUSANSCHRIFT   Berlin
POSTANSCHRIFT   Berlin

BEARBEITET VON

HOMEPAGE
DATUM Berlin, 30.10.2015
GZ

BETREFF **Deutschsprachkurs für ein deutsches Kind**
hier: Ihr Schreiben vom 22.10.2015

Sehr geehrte Familie Sotti,

vielen Dank für Ihr o.g. Schreiben an das Bundesministerium für Bildung und Forschung, in dem Sie auf die Situation Ihres Sohnes Panteonum zum Thema „Sprachkurs" und die damit verbundenen Probleme aufmerksam machen und um Unterstützung bitten.

Zunächst möchte ich Ihnen versichern, dass ich die von Ihnen geschilderten Probleme ausgesprochen ernst nehme und verstehen kann, dass Sie mit diesem Zustand unzufrieden sind und entsprechende Lösungen erwarten.

Die von Ihnen geschilderte Situation betrifft die Schulpolitik, die aufgrund unseres föderalen Systems in der Zuständigkeit der Länder liegt. Das Bundesministerium für Bildung und Forschung ist - anders als Sie vielleicht annehmen - keine den Kultusministerien der Länder vorgesetzte Behörde, so dass eine Einflussnahme in dem von Ihnen angesprochenen Sachverhalt nicht möglich ist.

Von daher kann ich Ihnen nur empfehlen, sich mit Ihrem Anliegen an das zuständige Ministerium für Schule und Weiterbildung des Landes Nordrhein-Westfalen,
zu wenden.

Ich bedauere, Ihnen keine andere Lösung anbieten zu können, und wünsche Ihnen und Ihren Söhnen für die Zukunft alles Gute.

Mit freundlichen Grüßen
Im Auftrag

TELEFONZENTRALE
FAX-ZENTRALE
E-MAIL-ZENTRALI

DIE UNTERLASSENE HILFELEISTUNG
(Wir sind gegen den Hass)

Aus dem Gedächtnisprotokoll der Familie des Autors. Dieser Tatsachenbericht gibt den exakten Verlauf des Sachverhaltes wieder und basiert auf dem wahren Geschehen.

„Schatz, Schatz!"

Er schläft tief. Der Ruf reißt ihn aus diesem tiefen Schlaf.

Er wird wach. Als er um diese Zeit, kurz nach Mitternacht, seine Augen öffnet, scheint alles in ein magisches Ambiente getaucht zu sein.

„Ich musste dich aufwecken! Ich spüre regelmäßige Wehen und denke, dass die Geburt allmählich losgeht", wispert ihm seine hochschwangere Ehefrau zu.

Ein gemeinsames Kind haben sie schon: einen zweijährigen Sohn. Panteon kommt nach seinem Vater, Ben, und ist ihm komplett ähnlich. Die Eltern lieben dieses Kind sehr, vergöttern es geradezu.

Der Ehemann Ben strahlt Optimismus aus, er ist voller Elan. Selbst das Kind wirkt fröhlich und ist außergewöhnlich früh und enthusiastisch aufgestanden.

Sie müssen nicht lange gehen, nur ein paar Meter sind es bis zum Taxi. Allesamt folgen sie im dämmerigen Morgengrauen den Schritten der Hochschwangeren.

Es sollte ein Sohn werden. Sie werden bald um einen weiteren Sohn reicher. Laut den bisherigen Untersuchungen, die die Gynäkologin Dr. Klara Deutsch, eine hochtalentierte Ärztin und selbst Mutter von drei Kindern, durchgeführt hat, ist seine Ehefrau kerngesund, genau wie das Baby im Mutterleib. Dies ist für eine

Familie, ja für jeden bei klarem Verstand der höchste Lebensreichtum.

Es ist ein Mittwoch, der 23.01.2013, gegen 05:30 Uhr. Mit dem Taxi fahren alle zusammen in Richtung W. Frauenklinik und kommen eine Viertelstunde später dort an.

Ihr erstes Kind ist in einem anderen Krankenhaus in derselben Stadt zur Welt gekommen. In jenem Krankenhaus hat das Ehepaar bei der Geburt des Sohnes jedoch miserable Erfahrungen gemacht und eine grauenvolle Aufnahme erlebt. Vielleicht entschieden sie sich deshalb dieses Mal für ein anderes Krankenhaus, möglicherweise aber auch, weil in der W. Frauenklinik die meisten Kinder der Stadt das Licht der Welt erblicken.

Der Ehemann, seine hochschwangere Frau und der erste Sohn betreten die W. Frauenklinik. In der Nähe des Eingangs strahlt der Boden noch, etwas weiter innen ist das nicht mehr der Fall.

Sie stehen vor einer Tür. Diese ist nicht von außen zu öffnen, sondern nur von innen. Sie führt zu dem Bereich, in dem entbunden wird. Die beiden klingeln und als die Tür aufgeht, betreten sie den inneren Trakt der Klinik.

Sie werden von einer Dame mit einem erzwungenen „Guten Morgen" empfangen, in der Verkörperung eines Menschen, der nur gezwungenermaßen arbeiten geht. Solche haben nicht etwa Spaß oder Interesse an ihrer Arbeit, sondern lediglich die Gewohnheit, die Rentenversicherung und andere Umstände verlangen es so.

Das Krankenhaus macht insgesamt einen ungepflegten Eindruck: eine unfreundliche Dame, ein schmuddeliger Flur.

Die höfliche Begrüßung des Ehemannes, Ben, eines gepflegten Akademikers, überstrahlt das wenig beleuchtete Ambiente.

„Na dann, kommen Sie mal mit!", sagt die Dame zu ihnen, dreht ihnen den Rücken zu und geht voran. Sie bemühen sich, ihren hektischen Schritten zu folgen.

Bis jetzt war nirgendwo ein Desinfektionsspender zu sehen. Selbst hier im Bereich der Entbindungsklinik haben ihre Augen noch keinen erspäht. Obwohl so etwas in der Regel, mal ganz abgesehen von den multiresistenten Keimen und Viren, heutzutage als Pflicht verstanden wird.

Die Frau betritt einen Raum, die Familie geht hinter ihr her. Sie sind nun in der Aufnahme beziehungsweise im Empfangsraum.

Kurz nach 08:00 Uhr, am frühen Morgen dieses Mittwochs, wird die hochschwangere Ehefrau, Judit, auf ein Bett im Empfangsraum gelegt. Ein CTG wird um ihren freigelegten Bauch angeschlossen, um die Herzschläge des Babys im Mutterleib wahrnehmen zu können. Die ersten Formalitäten hat dieselbe Dame von zuvor vorgenommen. Sie hat sich inzwischen vorgestellt:

„Ich heiße Walburga Schmiidt, mit zwei ‚ii' geschrieben. Ich bin die zuständige Hebamme der Station." Das stark gerollte „r" und „l", während sie redet, sind bei Frau Schmiidt kaum zu überhören.

Zeitgleich kommt eine weitere, wesentlich jüngere Frau in den Empfangsraum. Sie grüßt und stellt sich gleich vor:

„Guten Morgen! Mein Name ist Katja Gusica und ich befinde mich im ersten Ausbildungsjahr zur Hebamme."

Es ist keine große Intelligenz nötig, um die Unzufriedenheit und Nervosität an der Mimik der Auszubildenden Frau Gusica abzulesen.

„Familie a Zotti. Was für ein schöner Name!", sagt die Hebamme, als sie die Versichertenkarte der schwangeren Ehefrau in das dafür geeignete Gerät einführt und die weiteren schriftlichen Aufnahmedaten aufnimmt.

Das Gesicht der Hebamme ist außergewöhnlich rot, während sie das sagt, und ihre Mimik ist einfach nicht für das Lächeln geeignet. Somit hat sie der jungen Familie die Initiative, sich selbst vorzustellen, einfach genommen.

Anschließend fängt sie an, sich mit ihrer Kollegin, der Auszubildenden, in einer anderen Sprache zu unterhalten. Das Ehepaar schafft es nicht, diese Sprache einzuordnen. Es ist auf jeden Fall eine slawische Sprache und in jenem Ambiente hört sie sich ausgesprochen seltsam und gewöhnungsbedürftig an, insbesondere für das Ohr eines zweijährigen Kindes.

„Mama, das eben war kein Deutsch!", sagt das kluge Kind gleich, aber sehr leise, damit sie ihn möglichst wenig hören können.

„Und wie heißt Ihr Sohn?", fragt die Hebamme.

„Panteon", antwortet die Mutter des Kindes, die wegen der ersten leichten Wehen dabei ist, die passende Liegeposition auszuprobieren.

Das Ehepaar wundert sich, weil die beiden Frauen sich nicht um die Schwangere kümmern - was doch ihre Aufgabe wäre -, sondern stattdessen in die Privatsphäre des anderen vorzudringen versuchen.

„Was hat Ihr Sohn doch für einen bemerkenswerten Namen! Und was bedeutet er?", fragte die Hebamme.

„Das ist einfach nur ein Name", antwortet Ben.

Judit mit dem CTG-Gerät um den Bauch dreht sich währenddessen aufgrund der Wehen hin und her. Sie staunt unvermindert über die Art und Weise der Aufnahme, die die Familie gerade erlebt. Da das besonnene Ehepaar jedoch über ein gewisses Maß an Intelligenz und Anstand verfügt, schweigt es. Die beiden ahnen, dass sie sich auf dünnem Eis bewegen, würden sie es wagen, die Damen der Entbindungsstation an ihre Pflichten zu erinnern.

Die Antwort des Ehemannes stellt die Hebamme aber nicht zufrieden, weshalb sie ihren Fragemarathon fortsetzt: „Sind Sie … ich meine nur … wir beide meinen, Sie könnten möglicherweise Juden sein!"

„Das wären wir auch sehr gerne. Und falls wir tatsächlich Juden sind, was dann? Wäre das so schlimm? Darf man denn nicht das sein, was man ist? Tut mir leid, aber ich schaffe es nicht, den Sinn Ihrer Frage zu dechiffrieren!", erwidert Ben leicht besorgt angesichts der skurrilen Begrüßung, die sie hier erfahren.

„Neeeiiin! Das ist nicht schlimm … das wäre auch okay! Der Vorname Ihrer Ehefrau, Ihres Sohnes … Vor dem Hintergrund dachte ich einfach nur so … wir beide dachten, dass Sie möglicherweise Juden sein könnten, da wir gehört haben, dass die Juden markante Namen haben und nur sie die Fähigkeit besäßen, die Bedeutung ihrer Namen zu übersetzen und abzuleiten", rechtfertigt sich die Hebamme Schmiidt.

„Ich fühle mich geehrt, davon abgesehen, dass selbst Gott, der Allmächtige, Jude ist. Und ein jeder Name in den unterschiedlichen Sprachen der Welt hat seine Bedeutung. Aber nicht jeder Name ist zu übersetzen", antwortet der Ehemann mit Vernunft und Wahrhaftigkeit.

„Sie sind doch keine Deutschen, oder?" Die Hebamme lässt nicht locker. Die Auszubildende schweigt, verfolgt jedoch mit Interesse dieses Frage-Antwort-Spiel, als wäre sie selbst beteiligt.

Wie oft schon war der Ehemann Ben mit einer derartigen Frage konfrontiert. Wie oft schon wurde ihm exakt diese Frage gestellt. Ihm, einem Bürger dieses Landes, der es dank seiner Initiative, seinem Intellekt, Können und integrativer Kraft sogar geschafft hat, hier als Schriftsteller tätig zu sein. Er ist vielseitig talentiert, verfügt über eine geradezu magnetische Anziehungskraft und ein ausgeprägtes Charisma.

Jetzt wird ihm wieder einmal von einem „Persönchen", das nicht einmal annähernd wie er in der Lage ist, sich in der deutschen Sprache korrekt auszudrücken, eine solch monotone und ausgesprochen unverhältnismäßige Frage gestellt. Einen deutschen Namen hat sie selbst ebenfalls nicht, das noch obendrein.

„Ich bin eingebürgert und im Besitz eines deutschen Passes. Überdies bin ich ein sekundärer Immigrant, derjenige also, der etwas später nach Deutschland zugezogen ist. Primäre Immigranten sind diejenigen, die sich seit über 80 Jahren hier aufhalten dürfen, falls das für Sie von so großer Bedeutung sein sollte", antwortet der Ehemann. In seinem Inneren spürt er, dass er etwas genervt ist, aber er will auf keinen Fall das Tier in diesen Frauen wecken. Stattdessen möchte er erleben, dass hier in dieser Frauenklinik sein gesundes Kind zur Welt kommt. Nur deshalb ist die junge Familie hier.

„Und wo kommen Sie her?" Die Hebamme bleibt offensichtlich neugierig.

„Wir kommen ursprünglich aus Albanien. Wir haben die Ehre, mit Stolz sagen zu dürfen, dass wir Albaner sind", antwortet Ben in der Hoffnung, dass diese „Stasi-Befragungen" endlich aufhören. Seine Bildung und die warmherzige Erziehung gestatten ihm nicht, der Gesprächspartnerin dieselbe Frage zu stellen.

„Ah sooo!", stöhnt die Hebamme.

„Sag doch gleich, Albanien liegt in der Nähe von Argentinien!", interveniert die Auszubildende. Und das ist kein Scherz oder Spaß, weil die beiden Damen keinen Sinn für Humor haben. Die Auszubildende hat ihren Satz voller Seriosität und Selbstbewusstsein ausgesprochen. Sie ist sogar stolz auf sich und auf das, was sie gesagt hat, als ob sie gerade einen neuen Kontinent entdeckt hätte.

„Ich meine ja", antwortet die Hebamme der Auszubildenden ernsthaft.

Das Ehepaar schweigt und staunt. Es erwidert nichts auf die soeben von den Frauen ausgesprochenen Behauptungen, weil es weiß, dass das keinen Zweck hat und auch keinen Sinn ergibt.

Die exzellente Kultur, über die das Ehepaar verfügt, würde es ihm nie erlauben, die Gesprächspartnerinnen zu fragen „Und woher kommen Sie denn?", weil nur Menschen, die selbst woanders herkommen, derartige Fragen zuallererst stellen. Auch die zwei Krankenhausbeschäftigten halten sich für das, was sie in Wirklichkeit nicht sind und was sie eigentlich nie sein wollten.

Demzufolge kommt solch eine idiotische Frage für das Ehepaar nicht in Betracht. Außerdem möchten die beiden die unheilbaren Komplexe der Frauen nicht noch mehr strapazieren.

Nach genau einer Stunde und 30 Minuten kommt endlich eine Ärztin in den Empfangsraum.

„Guten Morgen, ich heiße Doktor Stanislava Gudra", stellt sich die Frau gleich vor und begrüßt die Familie.

„Guten Morgen Frau Dr. Gudra, sehr erfreut. Familie a Zotti", antwortet der Ehemann höflich.

„Ist die Schwangerschaft bisher gut verlaufen?", fragt Frau Dr. Gudra, während sie den Mutterpass aufblättert.

„Bisher ist alles bestens verlaufen und das Baby ist kerngesund", antwortet Frau a Zotti.

„Das ist sehr gut. Das sehe ich auch in Ihrem Mutterpass", sagt die Ärztin.

Frau Dr. Gudra nimmt der hochschwangeren Frau Blut ab.

„Sie haben leichte Hände, Frau Doktor, und sind eine sehr hübsche Frau, wenn ich das sagen darf", lobt Judit ohne irgendwelche Hintergedanken, ohne Vorbehalte.

„Uh, danke sehr! Das ist aber nicht alles im Leben. Ein Doktortitel erst recht nicht. Ich gehe auf die 40 zu und ich hätte selbst sehr gern ein solches Kind wie Sie und auch ein weiteres dazu", antwortet die Ärztin.

Die anderen beiden Frauen sind währenddessen ohne Beschäftigung.

„Frau Doktor, das kommt noch, bestimmt. Und dann haben Sie erst recht alles", sagt Judit trotz ihrer ersten Wehen und versucht, der Frau Hoffnung zu machen.

„Ja, Sie haben recht. Vielleicht. Aber dafür braucht eine Frau zunächst einen Mann. Und so einen gut aussehenden Mann wie Ihren, noch dazu intelligent, findet eine Karrierefrau meistens nur im Traum!" Die Ärztin lädt anscheinend ihre innere Last ab.

Die junge Familie sagt nichts mehr dazu.

„So! Ich wünsche Ihnen viel Erfolg bei der Geburt Ihres Kindes, Frau a Zotti. Ich habe jetzt Feierabend und möchte mich verabschieden. Aber eine Kollegin ist hier im Haus und sie wird bei Ihnen sein. Also dann, tschüss zusammen", sagt Frau Dr. Gudra und geht.

Die Ärztin hat sich ganze 20 Minuten in dem Raum aufgehalten.

Die Schwangerschaftswehen, die Judit bis zu diesem Zeitpunkt spürt, sind normaler und erträglicher Natur.

Jetzt endlich sehen die Hebamme und die Auszubildende in ca. 15-minütigen Abständen nach der Ehefrau, um die Wehen zu kontrollieren und kleine Untersuchungen vorzunehmen, unter anderem das Abtasten des Muttermunds.

Gegen 08:00 Uhr wird die Hochschwangere in einen anderen Raum verlegt. Der Ehemann und der zweijährige Sohn können sie bis hierher begleiten. Zunächst wird ein anderes CTG um den Bauch der Ehefrau angelegt. Etwa zehn Minuten später geht die Hebamme aus dem Kreißsaal mit der Begründung, sie werde gebraucht.

Bei Judit bleibt nur die Auszubildende.

Diese tastet die Schwangere in 15-minütigen Abständen vaginal ab, um mit den Fingern zu messen, wie weit der Muttermund geöffnet ist.

Anschließend hat sie sogar das Recht, allein, ganz selbstständig, beliebig schriftliche Eintragungen in die auf dem Tisch liegenden Akten von Frau a Zotti vorzunehmen! Die Auszubildende informiert das Ehepaar währenddessen, indem sie ihre exakten Messungen kundtut:

„Er ist vier Zentimeter weit" oder „Es sind fünf Zentimeter geworden."

Ben, der eine sehr gute Diplomarbeit mit den Schwerpunkten Biologie und Medizin geschrieben hat, traut seinen Ohren und Augen nicht, als er das mit anhören und ansehen muss.

Inzwischen spürt Judit starke Schmerzen, besonders im Rückenbereich. Dazu kommt, dass die Hochschwangere insbesondere durch das Herumfummeln der Auszubildenden gezwungen wird, ihre Halbliege- und Liegeposition stets zu wechseln. Das könnte bei Frau a Zotti noch weitere Schmerzen und Unannehmlichkeiten ausgelöst haben.

Erst gegen 08:50 Uhr kommt eine weitere Ärztin.

Diese sieht die Familie a Zotti zum ersten Mal. Sie gibt dem Ehepaar kaum die Chance, sie richtig einzuschätzen. Ein solches Antlitz wie das der gerade erschienen Ärztin könnte höchstens ein versehentlicher sexueller Akt zwischen Alice Schwarzer und Woody Allen hervorgebracht haben. Das war der erste und einzige Eindruck, den diese Person bei Familie a Zotti hinterließ.

Alles gerät in Hektik, sobald sie den Raum betritt. Sie befiehlt dem Ehemann, Ben, zusammen mit seinem Sohn, Panteon, den Raum zu verlassen.

Herr a Zotti leistet dem ausgesprochen aggressiven und unfreundlichen Befehl der Ärztin Folge. Er wird hinausgeworfen und somit wird ihm das Recht verwehrt, als Vater den Geburtsakt seines eigenen Kindes miterleben zu dürfen.

Er darf sich, zusammen mit seinem zweijährigen Sohn, so lange in dem Korridor des Hospitals aufhalten.

Erst gegen 09:20 Uhr wird dem Vater das Recht erteilt, seine Ehefrau und sein eigenes Kind sehen zu dürfen. Seine Frau, die sonst immer so fröhlich ist und Optimismus ausstrahlt, liegt kreidebleich und tief in Gedanken versunken im Bett des Kreißsaals. Auf ihrer Brust liegt das Baby, aber die Blicke der Mutter sind in Richtung Himmel gerichtet.

Sobald sie ihren Mann wiedersieht, fängt sie an zu weinen. Das Neugeborene schreit und weint ununterbrochen. Auch für den zweijährigen Sohn ist das eine völlig neue Situation. Ben versucht, seine Frau zu beruhigen. Sie hat Schmerzen im Beckenbereich. Keiner ist bei der Familie, sie wird komplett alleingelassen.

„Sobald du mit Panteon draußen warst, hat die Ärztin mit dem Aussehen eines Eichhörnchens einen weiteren Herrn dazu geholt. Weder sie noch der Herr haben sich vorgestellt. Stattdessen haben sie mithilfe eines Gerätes, das ich so schnell kaum identifizieren konnte, unseren Sohn herausgesaugt! Der Geburtsakt unseres Sohnes wurde unnötig beschleunigt. Unser Kind wurde herauskatapultiert, mein Schatz!", berichtet Judit über den erlebten Höllentrip in einem deutschen Krankenhaus.

Ben ist entsetzt und hört nur zu. Das Baby liegt auf der Mutter, weint und schreit. Keine von den Frauen, die hier beschäftigt sind und für ihre Pflicht und Arbeit bezahlt werden, wäscht das Kind. Keine von ihnen putzt das Gesicht und den Körper des Babys.

„Mir wird einfach übel, wenn ich die Politiker dieses Landes in den Nachrichten sagen höre: ‚Kinder sind unsere Zukunft!' Soll die Familienministerin doch selber hierherkommen und in der Obhut solcher primären Immigranten mit slawischer Herkunft ihre Kinder zur Welt bringen", spricht seine Ehefrau wieder einen Refrain der Wahrheiten aus.

„Keiner hat sich um das Baby gekümmert?!", fragt der Ehemann.

„Das Kind ist gegen 09:03 Uhr zur Welt gekommen. Gleich nach der Geburt und sobald die Nabelschnur des Kindes verbunden war, nahm die sogenannte Hebamme es zum Wiegen mit. Und nach circa einer Minute brachte sie das Kind wieder zu mir. Anschließend ging sie prompt raus!", antwortet Judit.

Er versucht, seine Ehefrau, die angesichts der schrecklichen Erlebnisse mitgenommen und empört ist, einigermaßen abzulenken. Das gelingt ihm dieses Mal aber kaum.

Denn das, was sie als junge Familie gerade erleben, kommt sicherlich selbst in den Entwicklungsländern der „Dritten Welt" nicht vor, geschweige denn in einem fortgeschrittenen, in einem sogenannten freien Land, wie es Deutschland ist.

„Wie möchtest du das Kind nennen?", fragt er.

„Du entscheidest!", antwortet sie.

Er sagt zunächst nichts, und seine Ehefrau wiederholt: „Ich möchte, dass du unserem Sohn den Namen gibst. Suche bitte ei-

143

nen großartigen Namen für ihn aus, damit diese ‚Schattengestalten' vor Neid explodieren."

„Jumbiter. Wir geben ihm den Namen Jumbiter", sagt Ben, der diesen großartigen Namen für sein Kind aussucht.

Gegen 09:50 Uhr kommt die Auszubildende in den Kreißsaal. Die anderen lassen sich nicht mehr blicken.

„Wir müssen hier den Raum freimachen! Ich verlege Sie jetzt in einen anderen Raum", sagt sie und bringt Judit mit dem Baby in ein weiteres Zimmer. Dort betrachtet der Ehemann seine Familie, woraufhin ihm bewusst wird, dass sie von nun an zu viert sind: Der Vater, die Mutter und ihre zwei Söhne. Und sie befinden sich in dem anderen Zimmer.

In diesem Raum ist es sehr kalt. Draußen herrschen niedrige Temperaturen, denn es ist Winter. Die Tür dieses Raumes steht offen, alle Fenster sind geöffnet und die Heizkörper sind nicht aufgedreht.

Gegen 10:30 Uhr kommt die Auszubildende in den Raum, um dem neugeborenen Kind das Band mit dem Namen am Handgelenk anzubringen.

Erst als der Ehemann sie darauf aufmerksam macht, dass es im Raum sehr kalt ist - was sie bejaht -, ergreift die Auszubildende die Initiative, die Fenster zu schließen und die Heizung aufzudrehen. Anschließend, gegen 10:40 Uhr, verlässt sie mit den Worten „Jetzt haben wir Pause" den Raum.

Das Zimmer, in dem sie sich befinden, wärmt sich äußerst schlecht und langsam auf. Sie müssen in dem noch recht kalten Raum allein bleiben, während das neugeborene Baby ununterbrochen schreit und weint.

Bis um genau 13:30 Uhr sind sie zurückgelassen und irgendwie in dem kalten Raum vergessen worden. Bis zu diesem Zeitpunkt kommt keiner zu ihnen, um Frau a Zotti zu erklären, wie sie das Baby stillen soll. Auch keine der Hebammen oder der anderen Angestellten gibt sich die Mühe, das Baby zu reinigen beziehungsweise überhaupt einen Blick auf das neugeborene Kind zu werfen und nach dem aktuellen Stand zu fragen.

Erst um genau 13:30 Uhr, als die „Pause vorüber ist", kommt die Auszubildende zu der jungen Familie. Sie verlegt Judit zusammen mit ihrem Baby in ein weiteres Zimmer. Danach verlässt sie den Raum. Von ihrer Seite kommen keine weiteren Informationen. Nichts wird erklärt, nichts wird angesprochen, auf gar nichts wird Frau a Zotti hingewiesen; keine Empfehlung bis zu diesem Zeitpunkt, keine Fürsorge, kein Ratschlag, nichts.

Die Auszubildende taucht nicht mehr auf. Wenigstens ist inzwischen nach einigen Stunden der Raum für das Baby und die Mutter ausreichend beheizt.

Der Aufenthalt in der W. Frauenklinik ist für Judit und das Baby eine seltsame Odyssee. Verständlicherweise schafft sie es kaum, über den Horror hinwegzukommen, den die Mitarbeiter der Klinik ihr bereitet haben.

Sie wird regelmäßig von ihrem Ehemann und dem zweijährigen Sohn im Krankenhaus besucht.

Es ist Freitag, der 25.01.2013. Draußen liegt ein wenig Schnee und es herrschen Temperaturen knapp unter 0 Grad Celsius.

Heute wird Frau a Zotti die Entlassung aus der W. Frauenklinik angekündigt. Der Ehemann und der zweijährige Sohn sind dabei. Zudem wird ihnen gesagt, dass gegen 13:00 Uhr die Endkontrolle stattfinden soll, also die Untersuchung des Kindes.

Daher begeben sie sich in den vorgesehenen Untersuchungsraum, wo man ihnen sagt, sie sollten das Baby zunächst bis auf die Windel freimachen.

Es muss erwähnt werden, dass das neugeborene Kind von Geburt an übermäßig weint. Das Kind hält seinen Kopf auf eine Seite geneigt. Sein Halswirbelbereich wurde offensichtlich bei der Geburt verletzt. Vor lauter Schmerzen weint das Baby auch im Untersuchungsraum auffällig stark.

Obwohl Familie a Zotti aufgrund der Reihenfolge als Nächste dran wäre, erfolgt die anberaumte Untersuchung nicht. Das Gegenteil ist der Fall, denn die zuständige Ärztin, Dr. Ayse Idrise Gupperrtall, verweigert absichtlich die angesagte Untersuchung und sagt zu ihnen wortwörtlich: „Das Kind weint mir zu sehr! Legen wir es vorerst zur Seite. Ich untersuche den Jungen erst, wenn er sich beruhigt hat."

Dr. Gupperrtall ist übermäßig aggressiv in ihrem Verhalten, sowohl dem Ehepaar als auch dessen Baby gegenüber. Sie hat rote Augen, flucht ständig und sieht so aus, als ob sie jeden Augenblick wie ein Vulkan explodieren würde.

Die junge Familie a Zotti hat große Bedenken. Sie hat Angst, dass die Ärztin den Säugling Jumbiter, der keine drei Tage alt ist, zu Boden wirft!

Schließlich muss das Baby in seinem komplett ausgezogenen Zustand 40 Minuten lang warten, bis die Ärztin sich doch dafür entscheidet, ihn zu untersuchen.

Nach der Untersuchung, die letztendlich nun doch stattgefunden hat, wird Frau a Zotti mit dem Baby zusammen aus der Frauenklinik W. entlassen.

Für die junge Familie ist es wohl unvermeidlich, dass bei der Handhabung der Ärzte Fehler passieren können. Aber die Ver antwortlichen sollten wenigstens die Bereitschaft haben, einzugestehen, dass bei der Geburt des betroffenen Kindes etwas falschgelaufen ist.

Stattdessen verweigerte die Kinderärztin Dr. Ayse Idrise Gupperrtall am Entlassungstag die Untersuchung des Kindes über 40 Minuten lang - „weil mir das Kind zu sehr weint", wie sie sagte. Das ist unterlassene Hilfeleistung und eine solche Vorgehensweise setzt die Ärztin ganz bewusst und offensichtlich durch.

Es ist äußerst ungerecht, dass ein unschuldiges Wesen, ein Baby, herhalten muss für krankhafte Antipathien, Vorbehalte, das infizierte und kaputte Arbeitsklima und schlussendlich den eindeutigen Hass, der zwischen den Menschen slawischer und anderweitiger Herkunft in Deutschland herrscht. Dadurch entsteht ein destruktives Klima, das selbst in einem deutschen Krankenhaus als Standard zu bezeichnen ist.

Die junge Familie kontaktiert regelmäßig die Kinderärztin, Frau Dr. med. Bedarf, und lässt ihr Baby dort untersuchen. Hinzu kommt, dass die Nabelschnur des Kindes bei der Geburt höchstwahrscheinlich nicht fachgerecht verbunden wurde. Denn von Geburt an nässt die Nabelschnur sechs Wochen lang. Zwar kommt nur eine minimale Menge Sekret hervor, allerdings beständig und sehr übel riechend. Erst nach sechs langen Wochen und mithilfe eines von der Kinderärztin verordneten Medikamentes heilt die Nabelschnur des Sohnes ab.

Das betroffene Kind hält seinen Halswirbelbereich noch immer schief. Es weint viel, ganz offensichtlich vor lauter Schmerzen, die ihm durch die Verletzung der ärztlichen Sorgfaltspflicht zugefügt wurden. Es leidet massiv an Ess-, Schlaf- und Entwicklungsstörungen. Seine Körperhaltung ist deformiert, weil seine

Halswirbelsäule bei der Geburt beschädigt wurde. Und das stellt eine starke Einbuße an Lebensqualität für das Kind dar.

Die zuständige Kinderärztin, Frau Dr. Bedarf, hat der Familie a Zotti bestätigt, dass die Schmerzen, die das Kind permanent zu ertragen hat, das Ergebnis der Saugglockengeburt sind. Eine schriftliche Stellungnahme und Bestätigung verweigert die Ärztin jedoch mit folgender Begründung:

„Liebe Familie a Zotti, so leid es mir auch tut, sowohl ein Universitätsprofessor als auch jeder weitere Arzt, der für eine Gutachtenerstellung infrage käme, würde die verantwortlichen Herren Kollegen verteidigen. Dabei spielt es keine Rolle, ob der betroffene Kollege eine Dame oder ein Herr ist. Die Medizin ist insofern nicht nur ‚im Namen des Hippokratischen Eides' zu verstehen, sondern dahinter steckt meistens ein Teufelskreis. Ich bitte daher um Ihr Verständnis, weil ich meinen Job nicht verlieren will. Und das Gespräch behandeln Sie bitte äußerst intern!" So der Wortlaut der Kinderärztin.

Mit einer Überweisung, die die Kinderärztin ausgestellt hat, wird der betroffene Sohn auch von Ärzten in einer anderen Stadt untersucht.

Daraufhin bestätigen die Herren Dres. med. Schande und Kollegen (Fachärzte für Orthopädie, Chirurgie und Gefäßchirurgie) am 26.06.2013, als Jumbiter a Zotti dort untersucht wird, der Familie a Zotti ebenso, dass die Halswirbelsäule des Kindes bei der Geburt beschädigt wurde. Sie sind jedoch ebenfalls nicht bereit, eine schriftliche Stellungnahme abzugeben.

Abgesehen von den vielen Titeln, mit denen diese Ärzte für sich selbst werben, ist alles unverändert und die Eltern des Kindes bleiben mit der Antwort der Ärzte wieder einmal fassungslos allein.

Aber dieselben Ärzte wollen der Familie a Zotti Physiotherapiemaßnahmen aufdrängen, die dem Kind angeblich helfen sollen. Für die Kosten der vorgeschlagenen Therapien müssten die Eltern selbst aufkommen, weil die Krankenkasse sie nicht übernimmt. Jene Maßnahmen oder Anwendungen sollen in derselben Praxis stattfinden und von denselben Ärzten durchgeführt werden.

Dubios kommt der jungen Familie auch der Fakt vor, dass die Ärzte nicht bereit sind, eine Garantie abzugeben, dass sich der Zustand des Kindes nach der Durchführung der empfohlenen Behandlungen bessert. *Wie erbarmungslos, wie dreist, wie unverschämt hungrig nach den Scheinen die nur sind*, denkt die Familie a Zotti in diesen Momenten.

Das Kind gestattet vor lauter Schmerzen seiner eigenen Mutter nicht einmal, es in Ruhe zu stillen, ohne zu weinen und zu schreien, geschweige denn irgendwelche Physiotherapieanwendungen. Erst recht nicht, wenn bei solch einem betroffenen und zierlichen Säugling eine fremde Person Hand anlegen würde. Der Sinn und Zweck des Ganzen sind unklar.

Auf der anderen Seite hat Familie a Zotti ihren erlebten Höllentrip der gesetzlichen Krankenkasse explizit dokumentiert und offen vorgelegt.

Die Krankenkasse „Ku-Ku-Kack", bei der die Familie versichert ist, benötigt jedoch im Vorfeld ärztliche Gutachten, um ihrerseits einen Gutachter des Medizinischen Dienstes einschalten zu können.

Und welcher Arzt hat sich bisher bei dem eindeutigen Zustand des betroffenen Kindes und der glasklaren Rechtslage bereit erklärt, einen nachweislich medizinischen Sachverhalt zu bestätigen? Keiner.

Infolgedessen bleibt die Familie a Zotti zunächst bei dem derzeitigen Stand der Tatsachen ganz auf sich allein gestellt. Das ist ein Teufelskreis, im wahrsten Sinne des Wortes.

Der Ehemann fährt eigens nach Mainz, um einen „guten Anwalt", der Spezialist für Medizinrecht ist, für seinen Sohn zu engagieren.

Am 15.08.2013 nimmt Herr a Zotti den von der Anwaltskanzlei festgelegten Termin wahr und kontaktiert Herrn Rechtsanwalt Sandor Gamelow persönlich.

„Und wo kommen Sie ursprünglich her, Herr a Zotti?", lautet die Frage am erwähnten Tag, die selbst ein angeblich „hochangesehener Rechtsanwalt" während des Gespräches stellt. Ben misst solchen primitiven und äußerst banalen Fragen mittlerweile keine Bedeutung mehr bei. Noch vor Ort, in der Kanzlei des Anwaltes, fragt er sich: *Heißt es nicht im Grundgesetz, dass alle Menschen vor dem Gesetz gleich sind? Möglicherweise galt dieser Satz früher einmal und jetzt nicht mehr?*

Dennoch vertraut Herr a Zotti der Anwaltskanzlei die mitgebrachten Unterlagen an, unterzeichnet die Vollmacht, engagiert den Rechtsanwalt und fährt noch am selben Tag zu seiner Familie zurück.

Es ist Mittwoch, der 31.12.2014.

Herr Rechtsanwalt Gamelow schrieb von dem Tag an, als Familie a Zotti ihn für die rechtliche Vertretung ihres Kindes engagiert hat, bis genau Anfang November 2014 insgesamt drei wenig aussagekräftige Briefe an die Verantwortlichen. Und das, obwohl die Rechtslage eindeutig ist.

Seine üblichen Begründungen dafür waren: „Ich bin vor Kurzem aus dem Urlaub zurückgekommen und war mit dem Unterlagenstau beschäftigt."

Es waren zudem keine analogen Briefe, sondern E-Mails, die außerdem viele Rechtschreibfehler aufwiesen. Für jene drei simplen E-Mails wollte der Rechtsanwalt knapp 700,00 Euro von der Rechtsschutzversicherung der Familie haben und hat den Betrag auch bekommen. Das bisherige Resultat ist gleich Null.

Infolgedessen zog Familie a Zotti Anfang November 2014 das Mandat formlos und mit sofortiger Wirkung zurück. Herr a Zotti erinnerte sich in diesem Moment an zwei Weisheiten:

1. „Wenn ein Tatar das Schlagen unbedingt verdient hat, hast du keinen Ausweg und wirst gezwungen, ihn zu schlagen, dann musst du so fest zuhauen, dass er blutet, sonst akzeptiert er nicht, dass er geschlagen wurde ...“

2. „In einem Land, in das der slawische Stiefel massiv hineindrückt, dort wächst selbst das Getreide nicht mehr nach ...“

Als Beweis dafür darf man, höflich und unparteiisch, nur an den ehemaligen Osten Deutschlands erinnern.

Sollte die junge Familie einen anderen Anwalt in der Sache engagieren wollen, würde die Rechtsschutzversicherung die Kosten für den zweiten Anwalt bei der gleichen Angelegenheit keineswegs übernehmen.

Insofern ist die Familie a Zotti in dieser schweren Zeit zurückgelassen worden und noch immer nur auf sich allein gestellt.

Es ist ein herrlicher Tag. Draußen herrschen zwar niedrige Temperaturen in Begleitung von Nieselregen und Nebelbänken, aber das sind Naturphänomene und als solche herzlich willkommen.

Genauso wie alle Menschen - ganz egal, wo auch immer sie herkommen -, die mit „Emigranten“ und „Ausländer“ beschimpft und beleidigt werden in diesem Land, in Deutschland, „herzlich willkommen" sein mögen.

Familie a Zotti möchte diesen Jahreswechsel für sich begrüßen. Sie sind zu viert und darum sind sie jetzt eine Einheit.

Es ist 23:45 Uhr, Mittwoch, der 31.12.2014. Die zwei Kinder sind bereits eingeschlafen, wobei der Kleine selbst im Schlaf sporadisch weint und wach wird, weil die Schmerzen, die er mit sich trägt, ihn nicht loslassen.

„Schatz, Schatz!", ruft die Ehefrau ihren Mann.

„Ja, Schatz?", antwortet er.

„Alle Geschenke der Welt haben wir - unsere zwei Söhne. Wie wäre es mit noch einem? Was hältst du davon? Guck mal, wir sind jung, wir sind Nichtraucher und auch nicht alkoholabhängig. Wir haben doch alles", sagt Judit.

„Alles, bis auf ein weiteres Kind, willst du damit sagen", antwortet Ben.

Es ist 00:00 Uhr, Donnerstag, der 01.01.2015: Ein frohes, glückliches, gesegnetes und besinnliches neues Jahr sei allen vergönnt. Draußen erweckt der massive Einsatz der Feuerwerkskörper das typische Leben zum Jahreswechsel in Deutschland.

Die Kinder sind wach geworden. Das neue Jahr wird begrüßt und hat soeben angefangen. Nachdem die Neujahrszeremonie und das bekannte Ritual (der Einsatz der Feuerwerkskörper) zum größten Teil vorüber sind, können die Kinder erneut einschlafen, weil sie müde sind.

„Bis auf ein weiteres Kind!", erinnert ihn seine Ehefrau.

Wieso nicht? Sie haben keinen Alkohol zu sich genommen. Selbst als die Kinder noch nicht geboren waren, hatte das Ehepaar dem Alkohol nicht sehr zugesprochen, geschweige denn jetzt …

Der Ehemann antwortet nicht.

„Lass es bloß nicht zu, dass diese primären Immigranten uns den Willen zum Kinderzeugen nehmen", spornt ihn seine Ehefrau noch einmal an.

„Auf keinen Fall. Auch das nächste, das übernächste und die unzähligen Kinder danach sind willkommen. Nur mit dem Mut, dem Hass zu widersprechen, und der Entzückung, die Pluralität, Gleichberechtigung und Liebe zu verwinden, lassen sich Gerechtigkeit und Demokratie realisieren. Nur so können wir den religiösen und nationalistischen Eiferern erfolgreich begegnen", lautet die herzliche Antwort des Ehemannes.

„In dieser Zeit von Hass und Gewalt; was kann ich als Künstler, als Autor da tun! Was ist meine Aufgabe - als Autor - und meine Botschaft an die Menschen? Als Autor kann ich wahrheitsgemäß beschreiben, was passiert ist, ich kann versuchen, es zu verstehen, und anderen dabei helfen, es ebenfalls nachzuvollziehen. Ich kann für die Werte einstehen, für die die gute Literatur immer steht. Und ganz weit oben auf der Liste steht der Friede. Viele Menschen rufen heute nach Frieden und ich schließe mich ihren Stimmen unbedingt an. Denn Gerechtigkeit wird nur dort herrschen, wo sich die von Unrecht nicht Betroffenen genauso entrüsten wie die Beleidigten. Und während das Kind wächst, wird es fragen, warum wir nichts dagegen unternommen haben! Nach dem Motto: Wir leben in einem Rechtsstaat und wir sind stolz darauf!" So offenbaren sie ihre gerechte Entscheidung.

Ein Herz schlägt etwas häufiger. Das Kind hat eine Mimik, als weine es im Schlaf. Der Vater lehnt seinen Kopf sanft und leise an die Brust seines Kindes und hört zu. Mit einem Taschentuch trocknet die Mutter die tränenden Augen des Kindes - es ist Jumbiter a Zotti.

Wuppertal - Deutschland, Freitag, den 01.05.2015

Die betroffene Familie Ermira und Arber Shabanaj

REIßENDER STROM
(Déjà-vu mit der vergangenen Zeit)

Die Verkäufer der Ladengeschäfte kennen ihn fast alle. Jemand grüßt ihn mit „Guten Morgen, Regisseur!", jemand anderes mit „Guten Morgen, Herr Berliner!"

Ihm ist vollkommen klar, dass jeder ihn als Kunden halten will. Sie kennen ihn als Schriftsteller, aber er ist auch nur ein Mensch, und wie jeder andere Mensch hat er es morgens nötig, Hosen anzuziehen, Shampoo zum Haarewaschen zu benutzen und eine Packung Zigaretten einzustecken.

Obwohl er sich selbst nicht als potenziellen Kunden für sie alle betrachtet, ist es ihm wichtig, ins Gespräch zu kommen, damit er sich stolz bei den Verkäufern in der Nachbarschaft als Schriftsteller präsentieren kann.

Viele von ihnen kennt er. Mit einigen Mitbürgern hat ihn das Leben bekannt gemacht. Obwohl er sich nicht alle Namen merken kann, grüßt er sie mal und mal nicht. Das tut er bewusst, aus dem einfachen Grund, dass er unterwegs gern spontane Sätze von sich gibt, die er zuvor daheim eingeübt hat.

Verschiedene Motive, auch nicht ausgesprochene, versucht er, seiner Erinnerung einzuschreiben, damit er sie nachträglich entweder im Schauspielhaus oder im Lokal auf einem Stück Papier interpretieren kann. Es gehört zu seinem Arbeitsprinzip, in den Taschen stets Papierfetzen, Blätter oder Zigarettenpackungen zu finden, damit er spontane Einfälle sofort notieren kann.

Diese Angewohnheit kommt ihm an diesem Tag zupass. Irgendwie fallen ihm einige Sätze zu, sodass er beinahe neben einem Handwerker auf dem mit Abdeckvlies bedeckten Boden den Lebensmitteleinkauf abstellen will, um die Sätze zu notieren.

Aber er zügelt sein Verlangen. Dieser Handwerker ist ihm fremd. Deshalb könnte der Unbekannte sich über ihn lustig machen. Er könnte behaupten, dass alle Schriftsteller eine Macke hätten.

Zwischen Begrüßungen und Unachtsamkeit erkennt er eine Stimme. Eine Stimme, die ihn bremst. Sie lädt ihn weder zu irgendeinem Arbeitsauftrag ein noch zum Gespräch. Mein Gott, hinter einigen Gerüststangen steht der wohl bekannteste Dichter der Stadt. Etwas sticht in seinem Herzen. Es sind Emotionen, die als weiße Vögel losfliegen, um nicht mehr zu ihm zurückzukehren, weil sie während des Fluges schwarz werden.

„Heron!"

Der andere präsentiert sein Lächeln, wahrscheinlich routiniert, abgesehen davon, dass die Position hinter dem Baugerüst für ein Wiedersehen nicht geeignet ist.

Seit Jahren hat er ihn nicht mehr kontaktiert und gedacht, dass er irgendwohin in eine andere Stadt gezogen sei. Ebenso wenig war er ihm in einer publizistischen Versammlung begegnet.

„Gratulation, Kol!", sagt der andere, während er seine Hand drückt. Die Gratulation gilt seinem letzten veröffentlichten Text - „Die Vögel kehren im Frühling nicht mehr zurück ...".

Kol fühlt sich geehrt und doch unwohl. So unwohl, dass er nicht mehr weiß, ob er ihm antworten oder die Anrede so stehen lassen soll. Die angebotene Zigarette nimmt er an. Er erinnert sich später nicht mehr, ob er die Zigarette des bekanntesten Lyrikers der Stadt entzündete oder ob es seine Seele tat, die fast zu fliegen schien.

Nach einer langen Zeit der Totenstille, die einen Poeten ermordet und einen Handwerker zum Leben erweckt, findet er doch einen Satz, um ins Gespräch zu kommen.

Er traut sich aber nicht, ihn zu fragen, ob er es als gebildete Persönlichkeit, ausgestattet mit der Wissenskapazität eines wahren Genies, schafft, mit den Bauarbeiterkollegen zurechtzukommen. Genauso wenig kommt ihm der Gedanke, ihn zu fragen, ob er noch schreibt. Schließlich ist er nicht auf die breite Straße gekommen, um etwa seine Lyrik zu verkaufen, sondern vielmehr, um seinen handwerklichen Auftrag auf einer Baustelle auszuführen. Er fühlt so viel Mitleid, dass es ihm nicht gelingt, Sätze zu formen.

Heron hat Biologie und Jura studiert. Aber dann kam der Orkan der Revolution. Der Untergang. Vor 16 Jahren wurde er von dem fremden Besatzungsregime aus seiner Heimat, dem Kosovo, vertrieben und hat sich für Deutschland entschieden. Dort ist er zugezogen und hat politisches Asyl beantragt. Das 20. Jahrhundert der unerträglichen illustrativen Differenzierung und Ausgrenzung wurde eingeläutet, und darum arbeitet der Akademiker, der zugleich wohl der bekannteste Dichter der Stadt ist, als Maler und Lackierer, wobei er die Gerüstlagen mit den schweren Materialien auf dem Rücken und in den Händen bezwingen muss.

Er hat hier als Lagerist, Maler und Lkw-Fahrer gearbeitet. Und auch Toiletten hat er putzen müssen. „Ich habe alles gemacht, was mir geboten wurde. Die Arbeit, die ich aufnehmen durfte und die nun mal für mich übrig war, lag weit unter meinen Qualifikationen", erzählt Heron. „Mein Credo war, keine staatlichen Leistungen zu beanspruchen - das entspricht nicht meinem Charakter." Wenn er von diesen Jahren erzählt, dann klingt zwischen den Zeilen durch, wie sehr er darunter gelitten hat, sich fernab seiner Qualifikationen über Wasser halten zu müssen. Er habe sich stets und überall einzuarbeiten versucht, um sein Bestes zu geben. „Aber ich habe schon einiges an Bereitschaft mitbringen müssen, um das ertragen zu können. Meine Diplomarbeit wurde damals kaum angesehen, geschweige denn anerkannt, damit ich in Deutschland in meinem erlernten Beruf hätte weiterarbeiten können. Erst im Herbst 2006, nach 15-jährigem regelmäßigem Aufenthalt hier in Deutschland, wurden meine Zeugnisse und die damit verbundene Fachhochschulreife anerkannt", blickt der 38-Jährige zurück.

Trotz dieser harten Anfangsjahre in der neuen Heimat: Seine Liebe zur Sprache, zum Schreiben, seine Leidenschaft, Geschichten zu erzählen, Romane zu schreiben und sein Faible für die Poesie hat der heutige Südstädter nicht verloren. Heron hat sich nicht nur beruflich eine neue Existenz aufgebaut, er hat sich zugleich auch ein neues „Werkzeug" angeeignet: die deutsche Sprache. In der (Fremd-)Sprache seiner neuen Heimat hat der Wuppertaler mittlerweile mehrere Bücher veröffentlicht - bemerkenswert, denn Heron Liber hat nie einen Deutschkurs besucht.

Heron ist Kols größter Held. Zwei von ihm veröffentlichte Lyrikbände sollten eigentlich als Bestseller gelten, wenn es mit rechten Dingen zuginge. Aber seine auserlesenen Werke und die exzellenten und gesellschaftskritischen Texte werden sogar offensichtlich gemieden, da er öffentlich Rückmeldungen diesbezüglich erhält. Mutmaßlich nach dem Motto: „Ich bin doch nicht bescheuert, Bücher eines ehemaligen Asylbewerbers zu lesen und obendrein einen solchen auch noch zu unterstützen." Diejenigen tun ganz offensichtlich so, als ob sie vergessen hätten, dass wahrhaftig die Bevölkerungsmehrheit Deutschlands selbst die Kinder und Enkelkinder von ehemaligen Flüchtlingen sind, die vor 80 Jahren nach Deutschland gekommen sind und nicht mehr in ihre ehemalige Heimat zurückkehren konnten. Sie mussten zwangsläufig aufgenommen werden und zum Beispiel notdürftig auf Höfen und in leer stehenden Zimmern untergebracht werden. Aber es ist sehr wohl davon auszugehen, dass eigentlich nur eine Minderheit der Literaturinteressierten eine solche krude Hypothese seinen Werken gegenüber kultivieren dürfte. Denn die krude Hypothese ist ja nicht das zuvor Gesagte, sondern die weiter oben genannte Idee, dass Bücher eines ehemaligen Asylbewerbers nicht unterstützenswert seien. Und schuld daran ist möglicherweise auch der Neid - denn viele von ihnen hätten sicher gerne auch nur einen Bruchteil des Talents und der Kreativität, die Heron einfach in die Wiege gelegt wurden. Wie heißt es so schön: „Neid ist die Wurzel allen Übels."

„Hey, du! Was machst du da unten, Alter? Pause ist später, wir brauchen Armierungskleber. Bring Material her und komm hoch!", donnert der Handwerksjargon des Bergischen Lands dazwischen, als (vermutlich) der Vorarbeiter aus der fünften Gerüstlage Heron in einer bemerkenswerten Lautstärke die Gewalt des Leitens vor Augen führt. Heron schweigt und leistet dem Folge.

Kol begreift nicht, wie er es mit seinem Selbstbewusstsein geschafft hat, das Gespräch mit Heron zu gestalten. Jedoch ist der Tag für ihn erledigt. Er geht wie eine Mimose durch die vielen Straßen, schreibt keinen Satz mehr dabei. Mit Absicht kehrt er spät nach Hause zurück, nur, um die Geschäfte geschlossen zu erleben.

Der Morgen aber kommt, ebenfalls das Übermorgen. Kol bleibt jeden Tag am Gerüst von Heron stehen, sodass mittlerweile alle anderen Handwerker wissen, dass die beiden Poeten sind. Der Mentor und sein Schüler.

Für den berühmten Poeten unter den beiden halten die Bürger der Stadt aber Kol Berliner! Weil er imposant ist und eine teure Koffertasche bei sich trägt. Er ist Regisseur, Präsident des Schriftstellervereins und Universitätsprofessor. Für seine Buchpräsentationen bieten sie ihm einen Platz im Fernsehen an.

159

Die Kameras der lokalen Fernsehprogramme betrachten ihn als überregionales Symbol.

Den Handwerker-Poeten aber betrachten seine Kollegen auf der Baustelle als zweitrangig. Er überzeugt sie nicht durch das, was er kann, was er in der Tat ist. Er verfügt weder über einen riesigen Körper noch über einen netten Status. Auch nicht über eine gute Präsentation. Wäre er wie der andere Poet, so wäre der Heron nicht einer von uns, der auf einer Baustelle arbeitet.

Über Kol haben in der letzten Zeit sämtliche lokalen Fernsehkanäle berichtet. Darum wenden sich die Menschen an ihn und nennen ihn „den großen Kol Berliner". Wäre er Parlamentskandidat gewesen, man hätte vorbehaltlos den „Herrn Poeten Berliner" zum Regierenden gewählt. Die Handwerker sind der gleichen Meinung, dass die Zeit gekommen sei, in der die Intellektuellen rasch reif und klug werden. Schaut euch die Parteien doch an! Wer am lautesten seine Meinung äußert, der führt gleich alle Sitzungen mit den Intellektuellen an.

An einem Tag bleibt Kol stehen, um sein Vorbild, Heron, zu begrüßen. Im Gegensatz zu den anderen Malen aber wirkt Kol heute offener, selbstbewusster. Ein inneres Lächeln beherrscht seinen Geist.

„Hast du Eile?", fragt er Kol.

„Nein", antwortet dieser.

„Meine Mittagspause hat gerade angefangen. Auch eine derartig unschöne Unterbrechung wie die von letztem Mal bleibt uns hoffentlich erspart", erklärt Heron.

Die Baustelle ist still. Zwischen allem herrscht eine für einen Handwerker bittere Stille. Kol aber genießt das, was er sich jahrelang erträumt hat.

160

Ein egoistischer Gedanke drängt sich zwischen einige Dichtungen Herons, die er Kol präsentiert, identisch mit der Einladung einer Poetenseele. Mein Gott, zwischen den üblichen Baustoffen und den Spuren des Farbgemischs auf Herons Arbeitsuniform verbergen sich wahre Perlen. Hier und da glänzt Lyrik wie ein Rubin, Worte schimmern wie Diamanten.

Kol Berliner, mit seinem veröffentlichten Arsenal an Büchern, mit seiner Autorität in der gesamten Stadt, steht der Lyrik gegenüber, die Heron gedichtet hat. Kol ist gegen ihn ein Pinocchio. Ein Poet Pinocchio. Ohne Nerv, ohne Blut.

„Schaffst du es, mit den Bauarbeiterkollegen zurechtzukommen? Erzähl mir bitte etwas über deinen Tagesablauf auf der Arbeit", fordert Kol ihn interessiert auf.

„Es gibt aus diesem Degradierungskompass eigentlich nicht mehr viel Unbekanntes zu erzählen ...! Vor Kurzem haben meine Arbeitskollegen erfahren, dass ich studiert habe und dass ich als Schriftsteller tätig bin. Das haben sie aus den überregionalen Zeitungen erfahren, die über meine Werke so exzellente und unvoreingenommene Texte verfasst und veröffentlicht haben. Dann ... vor zwei Tagen, während der Mittagspause, die wir in der Regel in dem Kellerraum des Hauses verbringen, das wir gerade renovieren, hatte einer der Kollegen zwei Bier zu sich genommen und ..." Heron pausiert kurz, seine Blicke sind auf einen Punkt in der Ferne fokussiert.

„Bitte, erzähl weiter, ich bin ganz Ohr!", sagt Kol.

„Derjenige sagte wortwörtlich Folgendes zu mir: ‚Eines Tages kommen wir zu dir und machen Hack aus dir!' Ich war geschockt und sprachlos, als ich das mit meinen eigenen Ohren hören musste. Meines Erachtens hätten sich selbst die Kannibalen nicht drastischer als mein Arbeitskollege an jenem Tag ausgedrückt. In dem Pausenraum machen wir mit acht Mann zeitgleich Pause und fünf davon konsumieren übermäßig Nikotin. Mindestens zwei meiner Arbeitskollegen füllen ihre Thermoskannen mit Bier statt mit Kaffee oder Tee und den ganzen Tag humpeln diejenigen, bei denen die Logik und Intelligenz in den Muskeln sitzt, durch die Gerüstlagen, mit dem Alkohol im Kopf. Hierbei artikulieren sie gelegentlich auch nationalfaschistische Sprüche vor sich hin, so, als ob nichts gewesen wäre. Und das sind keine einmaligen Tagesabläufe, sondern es sind die Vorgehensweisen jedes gottverdammten Tages. Auf meine Nachfrage, weshalb derjenige mir so etwas gesagt habe - da ich schließlich nicht zu verzehren bin -, antwortete er mir sehr aufgebracht und in aggressivem Ton: ‚Was willst du, Alter, hä?!' Er stand auf und sein Gesicht war vor lauter Wut leicht deformiert. Der Vorarbeiter intervenierte und verhinderte eine Eskalation. Ich bin nicht für Konflikte und auch nicht für Brutalität prädestiniert, Kol. Daher habe ich mich dafür entschieden, meine Frühstücks- und Mittagspausen hier draußen und zumeist allein zu verbringen, um denen aus dem Wege zu gehen", erzählt Heron und holt tief Luft.

„Wie bitte?! Was sagt der Arbeitgeber dazu? Warum definiert man die Verantwortlichen, die offensichtlich Hass schüren und nur derartige Morddrohungen übrig haben und diese sogar auf die übelste Weise publik heraustragen dürfen, nicht als Terroristen? Das begreife ich noch immer nicht! Das dürfte für dich schon sehr hart sein!" Kol blickte ihn betroffen an und nickte.

Heron seufzte und sprach weiter:

„Das Ganze ist doch sinnlos, wenn leider Gottes eine beachtliche Anzahl der Protagonisten die gruselige Meinung und die äußerst schreckliche Position der Verantwortlichen vertritt. Es ist doch logisch: Würde die Mehrzahl der Kollegen nicht auf der Seite der Gesinnungslosen stehen, dann stünde ich hier während meiner Mittagspause definitiv nicht allein! Und es ist zu vermuten, dass auch diverse Arbeitgeber involviert sind. Denn wäre es nicht so gewesen, hätten solch schreckliche Äußerungen erst recht auf keinen Fall zum Ausdruck gebracht werden dürfen. All die Jahre erlebe ich höchstpersönlich Szenarien wie das zuvor Genannte. Manchmal ähneln sich diese gegenseitig sehr, manchmal sind sie nur ein wenig milder gestrickt, und zwar dann, wenn sie frontal zum Ausdruck gebracht werden. Zum Beispiel: Der Arbeitskollege Uwe artikuliert völlig unerwartet und wie aus dem Nichts Folgendes: ‚Dö, Dö, Dö, Dö, Dö, Dö …' Und der Dennis erwidert: ‚Ignatz, Ignatz, Ignatz … Jud, Jud, Jud …!' Diese Strophen werden unzählige Male während der Arbeitszeit wiederholt, und das nahezu tagtäglich! Bitte hab Verständnis dafür, dass ich den weiteren Kommentaren, die ich leider Gottes erleben muss, nicht explizit Ausdruck verleihen möchte. Denn das würde mein Bildungsniveau und meine persönliche exzellente Kultur und die hervorragende Erziehung meiner Familie beleidigen. Jedenfalls, die Botschaft der zuvor genannten Straftaten war und ist leider noch immer unmissverständlich und unverändert geblieben: nämlich Hass, Hass und noch einmal Hass. Denn von der rechten Sprache bis zur rechten Gewalt ist es nur ein kleiner Schritt. Und das Einzige, was ich dahingehend machen konnte, war, den Arbeitgeber zu wechseln, und nun werde ich dazu gezwungen, in Kürze dasselbe wieder zu unternehmen. Zum Glück ist es mir gelungen, sofort im Anschluss einen anderen Arbeitsplatz zu finden … Das wird mir mit Sicherheit auch hiernach gelingen, und so weiter … Darum, mein geschätzter Kollege Kol, habe ich bisher in diversen Arbeitsstätten hart gearbeitet, um mein ‚hartes Brot' verdienen zu dürfen … Nun zu deiner ursprünglichen Frage: So schaffte ich es bei meinen weit tiefer als unterqualifizierten

Beschäftigungsangeboten, denen ich nachzugehen hatte, mit meinen Bauarbeiterkollegen zurechtzukommen. Kurzum: Sei bloß froh darüber, dass du kein politisch Vertriebener der 90er Jahre bist und nicht als Akademiker hier in Deutschland Anfang der 90er Jahre einen Asylantrag stellen musstest! Und du weißt sicher, es war die ganze Zeit schon hart. Ich habe versucht, so darauf zu reagieren, wie ein Autor reagieren kann. Nämlich mit dem Schreiben. Das hier wird mein nächstes Buch werden."

Konzentriert und entspannt erzählt Heron von seinen wahren Erlebnissen und Erfahrungen, die er im Deutschland des 21. Jahrhunderts sammeln musste.

Herons Arbeitskollegen tauchen allmählich aus ihrem Pausenraum auf und die Baustelle wird wieder besetzt. Kol geht weiter, überlegend wie ein Dichter. Einen Termin im „Café Adanan" will er wahrnehmen. Warum sollte er es nicht tun? Man lud ihn zum Kaffee ein, er versprach es und möchte gern dabei bleiben. Er ist verabredet.

Und so, mit kleinen Schritten, die Gedanken hin und her wälzend, erreicht er das berühmteste Lokal der Stadt.

Sobald Apollon ihn sieht, steht er auf und bietet ihm höflich einen Platz an. Es folgen monotone Fragen, wie es bei einem Gesprächsbeginn üblich ist. Danach gibt es eine Pause, die schwer wiegt, damit Apollon eine gewisse Achtung schon am Beginn des Gesprächs aufbaut, und anschließend folgt ein Wasserfall von Worten ohne Unterlass.

Mit ihm war Kol auf demselben Gymnasium gewesen. Sie kamen gut miteinander zurecht. Die Verhältnisse dieser früheren Freundschaft wurden von netten Gesten begleitet. Als Apollon anfing, sich intensiv mit einer bestimmten Partei zu beschäftigen, kühlte die Freundschaft ab. Kol fragte ihn kaum, welcher Partei er angehörte. Für ihn waren die Publizistik und die Poesie einfach überparteilich, weil sie miteinander sprachen, ohne zu fragen, welche Farbe die Kleidung des anderen hat. Als aber die Wahlen gekommen waren, wandte sich Apollon an ihn, er wurde wärmer und herzlicher. Er lud ihn zum Kaffee ein, sogar zur nächsten Sitzung seiner Partei.

Kol weiß nicht einmal, wann die Wahlen sind, wann überhaupt eine Sitzung stattfindet.

„Morgen?", fragt er Apollon unsicher.

„Morgen, weil es so vereinbart ist. Unser Vorsitzender hat einen vollen Terminplan. Er hat vor, nach Straßburg zu verreisen."

Er atmet inzwischen aus, als ob er sich an den Effekt seiner Worte herantasten möchte. Als er merkt, dass sein Gegenüber ihm kaum zuhört, wechselt er die Gesprächsrichtung.

„Jetzt sind die Einladungen sogar mit nummerierten Sitzplätzen versehen. Es gibt so viele Interessierte, dass wir uns nicht im Klaren sind, wie wir mit unseren Rechtspopulisten zurechtkommen, wegen der Plätze. Aber die Intellektuellen wie du, die finden sich ganz allein zurecht."

„Apollon, wir kennen uns seit vielen Jahren. Eine reine Ehrlichkeit hat unsere Freundschaft kontinuierlich geprägt und kreiert. Die gegenseitige Wertschätzung und der Respekt stabilisieren sie fortwährend. Deshalb bin ich auch explizit in einem Dialog mit dir und möchte letztendlich folgendem Anliegen Ausdruck geben: Ich möchte nicht so sein wie die unzähligen Professoren und Doktoren, die vor knapp über 80 Jahren ihre Verantwortung geleugnet und ausgesagt haben, dass sie mehrere Jahre lang nichts gesehen und nichts davon mitbekommen hätten, dass Millionen unschuldiger Zivilisten und unbeschützter Minderheiten auf die grausamste Art und Weise und automatisiert vergast, ermordet und ausgelöscht wurden. Ich sehe und ich kann es erfühlen, wie sich der Hass schleichend verwurzelt. Und ich bitte dich, als Kumpel und als Politiker, entschlossen und intensiv etwas dagegen zu unternehmen, bevor wir uns als Gesamtheit von den Radikalinskis zum wiederholten Male in eine Katastrophe steuern lassen. Denn von der rechten Sprache bis zur rechten Gewalt ist es nur ein kleiner Schritt. Die ausländerfeindlichen Hassäußerungen, kombiniert mit rassistischen Vorstellungen, enthalten bereits den Keim eines Rassenkrieges. Mit der Rhetorik der rechten Szene wird eine Trennung zwischen Menschengruppen für notwendig erklärt, explizit also: ‚Die sichere, stabile Gruppe des harmlosen, unschuldigen Wir gegen die Gruppe der anderen, die von vornherein immer gewalttätig auftreten'. Ich schätze dich sehr, hab einen guten Tag. Ich muss leider weiterziehen", sagt Kol entschlossen und steht auf.

Apollon zahlt, obwohl Kol es hat übernehmen wollen. Er verabschiedet sich von Apollon. Wo soll er nun hin? Er hat seinen Kaffee genossen, die Einladung hinterlässt bei ihm aber einen bitteren Beigeschmack. Er weiß nicht, wohin, lieber kehrt er nach Hause zurück, um die andere Hälfte des angefangenen Buches zu lesen. So geht er weiter und denkt darüber nach. Er überquert die große Kreuzung. Schaut an der Straßenkurve zu dem Fassadengerüst, dahin, wo der Lyriker der Stadt als Maler und Lackierer arbeitet. Wagt einen Schritt. Noch einen. Die Einladung in seiner Tasche kommt ihm wie eine Bombe vor, sie brennt wie eine explosive Masse.

Eine Einladung wozu? Eine Einladung ins Nirgendwo. Es kommt ihm vor, als ob er keine Macht mehr über seine Füße hat. Irgendetwas vernagelt ihn. Er wirft einen weiteren Blick in Richtung des Gerüstes von Heron. Er bemerkt ihn von Weitem, den, der wie eine Leiche im Stehen aussieht. Genauso wie der

Sarg hochgestellt wird, wenn er zur Haustür der betroffenen Familie geliefert wird, um den Leichnam einzusargen. Mehrere Mehrfamilienhäuser aus derselben Straße haben ihre Modernisierungsmaßnahmen zeitgleich gestartet, und selbst die neu renovierten Häuser, an denen Heron arbeitet, sieht er nicht. Sie alle kommen ihm wie Särge vor. Der Maurer, der auf der anderen Baustelle - nur zwei Häuser von Herons Einsatzstelle entfernt - gerade den Zementmörtelsack auf dem Rücken transportiert, war einmal ein bekannter Ingenieur der Ökologie. Der Hilfsarbeiter ein Stück weiter, der gerade die an die Fassade geklebten 10-Centimeter-Styroporplatten abschleift, war einmal Diplomat. Der andere, etwas reifere Herr, der auf der Baustelle daneben die Reste von den zu viel geschnittenen Gewebebahnen und den leeren, fallen gelassenen Armierungsmörtelsäcken sowie die Reststücke der herumliegenden Eckschutzschienen einsammelt, war früher in Albanien Oberbefehlshaber eines Truppenteils, und stattdessen sammelt er jetzt als Leiharbeiter den Baustellenmüll ein. Der Fensterreiniger daneben war in seiner Heimat Mikrobiologe.

Sie sind vor ihrer Zeit verstorben. Der Ingenieur ist gestorben, auch der Diplomat, der Oberbefehlshaber, selbst der Mikrobiologe. Oh, lieber Gott, wer tötete sie alle, wer?

Diese verrückte Zeit, die einen Jemand zu einem Niemand transformiert. Einen Niemand gestaltet sie hingegen zu einem neuen Jemand ... Nur wenige von ihnen dekorieren sich mit dem, was sie einmal wert waren.

Seine Augen verdunkeln sich. Sammelt er seine Kräfte, wagt es, noch weitere Schritte nach vorn zu gehen? Er weiß, dass Heron jeden Tag auf ihn wartet, solange er auf derselben Baustelle zu tun haben wird, um einen Gedankenaustausch zu führen, um ihm seine kürzlich geschriebene Lyrik zu präsentieren.

Er steckt die Hand in die Tasche. Die Einladung ist da, sehr hübsch geschrieben, die erste Reihe, der sechste Sitzplatz. Genau gegenüber von den vielen Kameras. Um den Journalisten sagen zu können: „Schaut an, der große Kol Berliner gehört uns, der Intellektuelle X gehört zu uns, den Y haben wir verdient." Er schüttelt den Kopf. Wenn er sie aber fragen würde, welche seiner Bücher sie überhaupt gelesen haben ... Erneut schüttelt er den Kopf. Kein einziges ... keiner von ihnen ... kein einziges Buch ... keiner von all denjenigen.

Obwohl die Häuser zum Teil fertig renoviert worden sind und zum Teil noch renoviert werden, ist die Straße immer noch nicht zu Ende asphaltiert. Gestern Abend ist starker Regen gefallen. Die Löcher auf der Straße sind voller Schlamm. Beinahe will Kol die Einladung herausholen, um sie wegzuwerfen, aber nein, er möchte keinen schlechten Eindruck bei den Bauarbeitern erwecken, die mit Sympathie auf Kunden warten, die sich freuen, wenn ihre Arbeitsqualität mit den vorgegebenen Vorstellungen und Erwartungen des Auftraggebers im Einklang steht. So überlegt er sich eine kultivierte Methode. Er holt die Einladung aus der Tasche, zerreißt sie sorgfältig und wirft sie in einen Mülleimer. Abgesehen davon, dass er sein Vorhaben gewagt erledigte - unabhängig von den Blicken der Bauarbeiter -, konnte er dem überlegenden Blick eines mächtigen Handwerkers nicht entgehen.

„Hast du das gesehen?", fragt der seinen Nachbarhandwerker, „Kol Berliner hat eines seiner Gedichte zerrissen und in den städtischen Müll geworfen."

Kol fühlt sich erleichtert und erholt. Heute hätte er nicht mehr tun können als das.

Wuppertal - Nordrhein-Westfalen, Dezember 2020

Hinweis: Der Tatsachenbericht „Reißender Strom" („Déjà-vu mit der vergangenen Zeit") befasst sich mit dem Leben und Arbeiten von Schriftstellern und trägt autobiografische Züge. Der Artikel 3 des Grundgesetzes der Bundesrepublik Deutschland gehört zum ersten Abschnitt (Grundrechte) und garantiert die Gleichheit vor dem Gesetz, die Gleichberechtigung der Geschlechter und verbietet Diskriminierung und Bevorzugung bestimmter Eigenschaften. Damit handelt es sich um ein Gleichheitsrecht. Art. 3 Absatz 1 GG enthält den allgemeinen Gleichheitssatz, der den Staat zur Gleichbehandlung aller Menschen verpflichtet. Das, was mir offensichtlich die Assoziationen eines erstaunlichen Kuriosums vermittelt, ist die Tatsache, dass den vertriebenen Familien und Einzelpersonen sowie Akademikern in Deutschland die elementarsten Rechte offensichtlich gezielt verwehrt und entzogen werden, und zwar aufgrund von Unterschieden in ihrer sozialen Herkunft. Meine Texte sind nicht gleichgültig, wenn Minderheiten so offensichtlich diskriminiert werden. Denn ich richte meine Worte nicht danach, dass sie Gefallen finden, sondern ich bezwecke damit das Gute. Daher werden in diesem epischen Text gleichzeitig auch persönliche Erinnerungen überliefert.

Hinweis:

In meinem Buch war es mir wichtig, die Erlebnisse und Geschehnisse durch die beigefügten Beweise so detailliert und anschaulich zu beschreiben, dass der interessierte Leser, der sich eingehend mit den Hintergründen der präsentierten Tatsachenberichte befassen möchte, sie direkt verstehen und nachempfinden kann.

Ich bin Vater einer jungen Familie, der nur zusehen konnte, als uns die Rechte durch die Gerichte eines sogenannten Rechtsstaates offensichtlich entzogen wurden, während wir bis heute mit den Folgeschäden leben müssen, die uns im Jahr 2011 in der damaligen vom toxischen Befall massiv kontaminierten Wohnung zugefügt worden waren. Das Verhalten der W. Gerichte - insbesondere unserem Kind (damals einem Säugling) gegenüber - war grob fahrlässig und wir fühlen uns zu Recht betrogen. Warum die autorisierten Gerichte es offensichtlich zuließen, dass vor allem die Seele und die Gesundheit eines Säuglings zerstört werden, wissen nur sie selbst. Denn das dürfte leider nicht die erste einschlägige, nicht ordnungsgemäße Prozessleitung, flagrante Diskriminierung und Zuwiderhandlung der in Schuld verstrickten Gerichte gewesen sein. Ihr selektives und nicht infrage gestelltes Handeln steht im Gegensatz zur Gerechtigkeit, die sie eigentlich herstellen sollten. So betrachtet das Gericht einen nach Gerechtigkeit Suchenden, der viel Entschlossenheit zeigt, häufig als seinen Widersacher. Allerdings ist niemand ein ernstzunehmender Gegner für sie. Jede Partei, die das Gericht um Hilfe ersucht, sollte gleichermaßen als Mitstreiter der Gerechtigkeit betrachtet werden. Das detaillierte Berufungsschreiben liegt ihnen vor, aber die Argumente reichen nicht aus? Auf dem Papier sind das gute Normen, aber manche

170

Richter orientieren sich nicht danach, sondern nach ihren persönlichen Vorlieben, und nutzen ihre beinahe unbegrenzte Macht nicht im Sinne des Rechtsstaates.

Auf der anderen Seite haben die völlig inkompetenten und von den arglistigen Prämissen geprägten Mitarbeiterinnen der Landesfrauenklinik meinem zweiten Sohn - noch bevor er das Licht des Lebens erblicken durfte - den Halswirbelsäulenbereich verletzt, ohne ich mich vor Ort dagegen wehren zu können.

Insofern gibt es in meinen fünf Tatsachenberichten, die in diesem Band festgehalten und zusammengestellt wurden, kein einziges Motiv, um etwas zu beschönigen. Darum bitte ich Sie um Verständnis dafür, dass unsere bewegenden Zeilen den Leidtragenden dieser Unbekümmertheit - unseren betroffenen Kindern - gewidmet sind. Man sollte sich selbst folgende einfache Frage dazu stellen: Was würde man tun, wenn die eigene Familie, insbesondere die eigenen Kinder, von den vorliegenden Animositäten betroffen gewesen wären?

Verständlicherweise kann es mir nur durch die angefügten Beweise im Anhang gelingen, diese feigen und brutalen Zuwiderhandlungen so authentisch wie möglich darzulegen. Es wäre völlig unmenschlich und absolut inakzeptabel, wenn jemand ansatzweise denken würde, dieses Werk für irgendwelche erfundenen Rechte zitieren zu wollen, nachdem man die vorliegenden Geschehnisse unvoreingenommen gelesen und akzeptiert hat, zumal diese durch Kopien (Beweise) ausführlich dokumentiert werden.

Dahingehend wurde für den begnadeten interessierten Leser, der sich eingehend mit den Hintergründen der präsentierten Tatsachenberichte befassen, sie anerkennend und unvoreingenommen lesen möchte, mein vorgelegtes Werk ohne Zensur unter dem Titel „Das Gericht des gelobten Rechtsstaates" *bereits veröffentlicht. Mein Werk wurde nun mit dem zusammengestellten Anhang komplettiert, der aus Kopien der Dokumente besteht, die im Vorfeld und während der vorgenannten Geschehnisse eine Rolle gespielt haben. Die angefügten Kopien entsprechen den Originalen, abgesehen davon, dass die Namen der beteiligten Personen aus Gründen des Datenschutzes verändert wurden. Sollten Sie dennoch Ähnlichkeiten mit Ihnen bekannten Personen feststellen, sind diese rein zufällig und keinesfalls beabsichtigt.*

Unseren Kindern wurden die elementarsten Rechte - 1. „Die Würde des Menschen ist unantastbar" (Artikel 1 GG) und 2. „Jeder hat das Recht auf Leben und körperliche Unversehrtheit" (Artikel 2 GG) - offensichtlich verwehrt und entzogen. Deshalb kann ich nur wiederholt ausdrücklich bestätigen, dass ich hierin keinesfalls irgendwelche Rechte zu verletzen beabsichtigt habe und mir desgleichen auch nicht bekannt war.

Es ist mein Anliegen, dem Leser auf diese Art einen umfassenden Eindruck der Gesamtsituation zu vermitteln. In einer emphatischen Art und Weise habe ich die Ursachen der permanenten Diskriminierung dargestellt und Wege zum besseren Umgang mit leidvollen Erfahrungen aufgezeigt.

Ich möchte auch Menschen mit den Tatsachenberichten konfrontieren, die sich ansonsten nicht aktiv damit auseinandersetzen würden. Wie konnten Menschen unserer Familie so viel Leid zufügen? Warum will niemand etwas dagegen tun? Wie können wir verhindern, dass so etwas je wieder geschieht? Eine solch persönliche Begegnung mit wahren Geschehnissen ist der beste Weg, um jemanden zum Nachdenken anzuregen und zur Ehrfurcht vor Mensch und Leben zu bewegen. Sie ist auch der beste Weg, um sich nicht von rechtsradikalen

Parolen täuschen zu lassen und dankbar auf unser demokratisches Gemeinwesen zu blicken.

Denn als Vater von zwei betroffenen Kindern sehe ich mich dazu verpflichtet, diese Tatsachenberichte ans Tageslicht zu bringen. Zugleich verleihe ich hiermit - konform mit den Grundrechten der Informationsfreiheit und der freien Meinungsäußerung (Artikel 5 GG Abs. 1 Satz 1 2. Alt. GG; „Das Grundrecht auf freie Meinungsäußerung" und Artikel 11 EMRK) -, nur dem Ersuchen meiner jungen betroffenen Familie Ausdruck. Ich danke für Ihre Aufmerksamkeit.

Ihr Arber Shabanaj / Jembiter Liber

„Man soll ja die Gerechtigkeit höher achten als das größte Glück auf der Erde. Gesundheit, Fröhlichkeit, die Liebe anderer, Überfluss, ja selbst das Leben hängt nicht immer von uns ab. Gerechtigkeit ist das Einzige, was uns gehört, was wir in unserer Gewalt haben, was uns kein Zufall, keine Macht, ja selbst der Tod mit dem Leben nicht rauben kann." - *August Heinrich Julius Lafontaine; deutscher Schriftsteller (1758-1831)*

„Niemals empört etwas mehr als Ungerechtigkeit. Alle anderen Übel, die wir ausstehen, sind nichts dagegen." - *Immanuel Kant*

„Gibt's schönere Pflichten für ein edles Herz,
Als ein Verteidiger der Unschuld sein,
Das Recht des Unterdrückten zu beschirmen?"
- Friedrich von Schiller (1759-1805)

„Was du nicht willst, dass man dir tut, das füg' auch keinem anderen zu!"

„Kinder erleben nichts so scharf und bitter wie Ungerechtigkeit."

Autorenvita - Autobiografie mit Informationen zu meinem beruflichen und schriftstellerischen Werdegang

Ich, Arber Shabanaj, geboren 1970 in Gjakovë, studierte Biologie und Jura. Meinen literarischen Weg begann ich mit dem Gedichtband „Die Küsse" im Jahr 1985. Dieser weckte nicht nur in meinem Familienkreis Interesse, sondern auch in der Stadt. Schon während meiner Schulzeit und danach wurde die schöpferische Arbeit zu meiner Wegbegleiterin, Freundin und Bekannten, und wir trennten uns bis zu meinem zweiten Lebensabschnitt kaum mehr voneinander.

Ich bin ein Schriftsteller, der „die heiligen Wörter" hinter sich lassen musste, denn ich wurde aus meiner Heimat, dem Kosovo, vertrieben. Als damals 22-Jähriger hatte ich mich für die Unabhängigkeit des Landes eingesetzt, war von jugoslawischen Sicherheitskräften überfallen und gefoltert worden und emigrierte nach Deutschland. Am Anfang hatte ich es, wie viele politisch Vertriebene, unglaublich schwer, und der Ausdruck „Odyssee" wäre bei Weitem zu schwach. Ich musste 16 Jahre lang ohne einen vernünftigen Aufenthaltstitel auskommen, obwohl ich mich dank meiner integrativen Kraft exzellent zurechtfand und während dieser Zeit regelmäßig in einem Arbeitsverhältnis stand. 2006 wurden, nach einer langen Reihe unterqualifizierter Arbeits- und Beschäftigungsangebote, schließlich meine Zeugnisse und die damit verbundene Fachhochschulreife anerkannt. 2018 legte ich erfolgreich die Vergleichsprüfung/Meisterprüfung für das Maler- und Lackiererhandwerk bei der HWK-Düsseldorf ab und leite derzeit einen Malerfachbetrieb. Aufgrund der großen Sympathie, die meine Familie und ich für den Freistaat Bayern hegen, sind wir im August 2021 von Wuppertal nach Friedberg gezogen. Friedberg ist eine gutbürgerliche Stadt, die auch den Kindern exzellente Bildungs- und Zukunftsperspektiven ermöglicht.

Die deutsche Sprache zu erlernen und poetisch klingen zu lassen, ist nicht nur für deutsche Muttersprachler eine lebenslange Übung. Ich habe, trotz der langen Zeit, in der ich als nur geduldeter Asylbewerber unter höchst problematischen Umständen in Deutschland lebte, nie einen Sprachkurs besucht. Angesichts dessen ist mein Umgang mit der deutschen Sprache auf literarischem Niveau erstaunlich.

Nach dem autodidaktischen Erlernen der deutschen Sprache habe ich in der (Fremd-)Sprache meiner neuen Heimat mittlerweile mehrere Bücher veröffentlicht. Nun freue ich mich, auf Deutsch zu schreiben, und ich gewinne das Deutschland, in dem ich lebe und arbeite, als neue Heimat sehr lieb. Man möchte vielleicht Folgendes anfügen: das Deutschland, in dem ich nach fast drei Jahrzehnten wieder meiner Liebe, dem Bücherschreiben, nachgehen kann.

Arber Shabanaj / Jembiter Liber